NOTICE HISTORIQUE

SUR LE

R. P. FRANÇOIS RENAUI

DE LA COMPAGNIE DE JÉSUS

mort le 8 décembre 1860

PAR

LE P. ACHILLE GUIDÉE

de la même Compagnie

PARIS

CHARLES DOUNIOL, LIBRAIRE-ÉDITEUR

Rue de Tournon, 29

1864

NOTICE HISTORIQUE

SUR LE

R. P. FRANÇOIS RENAULT

PROPRIÉTÉ

Charles Douniol

PARIS. — IMP. V. GOUPY ET Cⁱᵉ, RUE GARANCIÈRE, 5.

NOTICE HISTORIQUE

SUR LE

R. P. FRANÇOIS RENAULT

DE LA COMPAGNIE DE JÉSUS

mort le 8 décembre 1860

PAR

LE P. ACHILLE GUIDÉE

de la même Compagnie

PARIS

CHARLES DOUNIOL, LIBRAIRE-ÉDITEUR

Rue de Tournon, 29

1864

NOTICE HISTORIQUE

SUR LE

R. P. FRANÇOIS RENAULT

CHAPITRE PREMIER.

Naissance du P. Renault. — Sa famille. — Ses études. — Sa vocation à l'état ecclésiastique.

François Renault naquit le 3 avril 1788, dans la ferme du Pont-Cornoux, paroisse de Ploubalay. Son père, François Renault, et sa mère, Renée Madrignac, étaient des cultivateurs honnêtes et chrétiens. La paroisse de Ploubalay, aujourd'hui du diocèse de Saint-Brieuc, dépendait alors de celui de Saint-Malo, dont le clergé jouissait d'une grande réputation de régularité.

La ferme du Pont-Cornoux n'appartenait pas aux parents de François; cependant, quoique simples fermiers, ils vivaient dans l'aisance et avaient eux-mêmes des propriétés qu'ils affermaient. M. Renault père, jeune encore, fut chargé, par la famille de Sevoye, de surveiller de vastes domaines qu'elle possédait à Ploubalay. D'après le conseil de cette respectable famille, il entreprit le commerce des grains, des cidres et des bois, et augmenta ainsi sa petite fortune, qu'il laissa à son fils unique et à ses trois filles. Les deux plus jeunes vivaient encore en 1860 et habitaient Ploubalay.

Madame Renault, restée veuve de bonne heure, se montra, pendant son veuvage, un modèle de vertu, et se fit remarquer surtout par son tact et son excellent esprit. En mère véritablement chrétienne, elle regarda comme le premier de ses devoirs de veiller à l'éducation de ses enfants, qu'elle éleva avec le soin le plus religieux, sans toutefois les faire sortir de la condition dans laquelle la Providence les avait placés. Aussi le P. Renault lui conserva-t-il, toute sa vie, un tendre souvenir. Il ne parlait jamais de sa mère que dans les termes les plus reconnaissants et les plus affectueux.

François avait une sœur nommée Marie qui, s'étant mariée, déploya, dans le gouvernement de sa famille, les qualités que le Saint-Esprit exalte dans la femme forte, dont il fait l'éloge. Elle était si généralement estimée que, lors de la visite de l'évêque, le prélat voulait que Marie Renault s'assît avec lui à la table du curé, et celui-ci, plein de confiance dans la prudence et la charité de Marie, la consultait volontiers sur les bonnes œuvres de la paroisse.

Quant à François, son père, craignant que ses jours ne fussent exposés pendant la terreur révolutionnaire, en 1795, l'envoya aux écoles à Dinan, sous la discipline de l'abbé Beschet, mort depuis professeur de théologie au séminaire de cette ville. François racontait, plus tard, que sa plus douce récréation était alors d'orner les autels, et d'aider, dans ce pieux office, la personne à qui était confié le soin de l'église. Il n'était âgé que de huit ans au plus, mais déjà sa maturité, son air grave et sérieux faisaient pressentir ce qu'il serait un jour. Sa discrétion prématurée inspirait même la plus entière confiance aux prêtres cachés, qu'il servait à l'autel dans ces jours malheureux, et ils n'hésitaient pas à lui confier leurs lettres et les commissions les plus importantes.

Après avoir passé quelques années à Dinan, François se rendit à Trémereu, pour y commencer ses études d'humanités dans le petit collége que le digne M. Fouace, recteur de cette paroisse, avait établi pour favoriser les vocations ecclésiastiques et remplir les vides que la Révolution avait faits dans le sanctuaire. En 1802, M. Fouace, ayant été nommé, par Mgr Caffarelli, curé de Ploubalay, fut suivi, dans cette paroisse, par ses élèves, et François y continua ses études jusqu'à la philosophie inclusivement. Comme il n'était âgé que de seize ans et qu'il hésitait encore sur le choix d'un état, ou plutôt qu'il ne laissait pas deviner ses intentions futures, il rentra chez sa mère où il resta un an environ. Ce temps écoulé, et d'après le conseil de M. Fouace, il déclara à sa mère que, se sentant appelé de Dieu à l'état ecclésiastique, il croyait devoir entrer au séminaire de Saint-Brieuc. Ce projet contraria vivement sa mère, qui n'avait pas d'autre héritier de son nom. Malgré les sentiments de foi dont elle était animée, elle fit tous ses efforts pour l'en détourner, elle le suivit même sur la route, lui promettant un établissement très-avantageux dans le monde s'il voulait s'y fixer. Docile à la voix de la grâce, François demeura inébranlable. « Son désir, en entrant au séminaire, ainsi qu'il l'a depuis répété souvent à un de ses confrères, était de pouvoir présenter à Dieu des jours pleins de bonnes œuvres, sans en excepter un seul. » La suite de sa vie nous montrera avec quelle fidélité il accomplit sa résolution.

CHAPITRE II.

Le P. Renault au séminaire de Saint-Brieuc, et secrétaire de Mgr Caffarelli. — Ses rapports avec ce prélat et avec l'abbé Jean-Marie de La Mennais.

Entré au séminaire de Saint-Brieuc, l'abbé Renault y commença ses études de théologie. Mais vers cette même époque, en 1806, Mgr Caffarelli[1], évêque de cette ville,

---

[1] Jean-Baptiste-Marie Caffarelli du Falga, d'une famille ancienne du Languedoc, et frère de quatre gentilshommes du même nom, qui se distinguèrent dans la magistrature, dans l'administration et dans l'armée, naquit le 1er avril 1763. Il se consacra de bonne heure au service des autels. La persécution révolutionnaire l'obligea, en 1792, de fuir en Espagne, ainsi que beaucoup d'autres ecclésiastiques français, et il ne put rentrer dans sa famille qu'en 1799. La paix ayant été rendue à l'Église, en vertu du concordat conclu entre le souverain pontife Pie VII, et le premier consul Bonaparte, l'abbé Caffarelli fut nommé en 1802 évêque de Saint-Brieuc, et il occupa ce siége jusqu'à sa mort, arrivée le 11 janvier 1815. Il remplit constamment ses devoirs avec le zèle et la simplicité d'un apôtre. Sa piété éclairée, sa charité, son indulgence et sa bonté lui gagnaient tous les cœurs, tandis que sa conduite exemplaire, la fermeté de son caractère et de ses principes, et la pratique de toutes les vertus commandaient la considération et le respect. Dans le concile de Paris en 1811, Mgr Caffarelli fut un des généreux prélats qui, devant tout à l'empereur Napoléon pour eux et pour leur

désirant avoir un séminariste, pour l'aider dans le travail du secrétariat de son évêché, s'adressa à M. Fouace. Ce vertueux prêtre lui indiqua deux de ses meilleurs sujets ; l'un des deux était l'abbé Renault. L'évêque les accueillit avec bonté, et, après les avoir examinés l'un et l'autre, il fixa son choix sur l'abbé Renault. Il avait été frappé de l'instruction, de la modestie, de la piété et de la bonne tenue de ce jeune ecclésiastique ; et il le nomma sous-secrétaire. Ces fonctions ne l'empêchaient pas de se livrer avec ardeur à l'étude de la théologie, et bientôt il se distingua par sa capacité et se montra supérieur à tous ses condisciples. On raconte que, malgré sa régularité exemplaire, il se laissa entraîner un jour à prendre part à une espèce de

famille, eurent le courage de demeurer inflexibles en présence de ses exigences schismatiques. Aux menaces de Napoléon, Mgr Caffarelli répondit : « Sire, l'exil dans mon diocèse sera une peine suffisante, puisque j'emporterai le regret de vous avoir déplu et de ne plus vous présenter l'hommage de ma reconnaissance ; n'y ajoutez pas celui de ne pouvoir remplir mes devoirs d'évêque, titre que je tiens de l'Église et de vous. Ce serait trop pour mon cœur. » Ce fut trop en effet. Le cœur du digne prélat fut brisé, et dès lors sa santé s'altéra. Le retour des Bourbons acheva de la détruire : car, en même temps que la restauration du trône de saint Louis comblait ses vœux par la délivrance du souverain pontife, elle blessa les sentiments de sa reconnaissance personnelle pour l'Empereur. On oublia trop à Saint-Brieuc sa consciencieuse résistance à la puissance de Napoléon ; et la froideur des procédés de quelques-uns de ses diocésains semblait lui faire un reproche de l'attachement qu'il avait conservé pour son bienfaiteur. Mgr Caffarelli mourut de chagrin. Pendant ces quatre années, le P. Renault lisait dans le cœur du prélat ; et il comprit tout ce que la vie sacerdotale et publique recèle de sacrifices intérieurs et exige d'abnégation. Il ne pouvait parler sans attendrissement de cette longue lutte de la vertu et de la souffrance de son évêque dont il était devenu l'ami.

petite émeute qui eut lieu parmi les séminaristes à l'occasion de compositions que l'on exigeait. Mais ayant reconnu sa faute, il en manifesta un regret si vif et si sincère que l'évêque fut profondément touché de son repentir.

L'abbé Renault, après avoir été ordonné sous-diacre le 9 mars 1811, et diacre le 21 décembre de la même année, fut promu au sacerdoce le 23 mai 1812, dans la chapelle du séminaire, par Mgr Caffarelli, en même temps que M. Charles Jean de La Motte-Broons et Vauvert, depuis évêque de Vannes, reçut le diaconat. Le 18 janvier suivant, l'abbé Renault fut nommé secrétaire de l'évêché. Dès 1811, il avait habité le palais épiscopal, et était devenu le commensal de l'évêque. Ces fonctions de secrétaire furent l'origine des relations de l'abbé Renault avec le clergé de Saint-Brieuc et avec les familles les plus honorables de ce vaste diocèse. Son esprit supérieur, sa sagesse, sa gravité, sa prudence, joints à une élocution facile, lui conquirent l'estime générale, celle de son évêque en particulier ; et les souvenirs qu'il laissa en quittant Saint-Brieuc étaient encore vivants lorsqu'il y revint en 1843 après vingt-quatre ans d'absence.

Mgr Caffarelli aimait dans l'abbé Renault l'ardeur de son âme, et la maturité de son caractère. Ces qualités convenaient au génie du prélat. Un autre homme, du mérite le plus distingué, partageait avec l'abbé Renault ses affections : l'abbé Jean Marie de La Mennais[1], frère du trop célèbre au-

---

[1] Jean-Marie-Robert de La Mennais, naquit à Saint-Malo, le 8 septembre 1780.

Son père, riche de biens honorablement acquis, reçut, en 1788, sur la demande des États de Bretagne, des lettres de noblesse fonteur. Félicité était le vicaire-général et l'ami de son Évêque. Tous les matins après le déjeuner, l'abbé de La Mennais et

dées sur les importants services qu'il avait rendus au pays, en temps de disette et de guerre.

En 1789, M. de La Mennais perdit sa femme, et, peu de temps après, sa fortune fut engloutie, avec ses distinctions, dans le gouffre révolutionnaire.

Jean-Marie, l'aîné de ses fils, grâce à son application constante, à son intelligence naturelle, et à son bon sens, répondit admirablement aux soins que prit de son éducation M. Vielle, prêtre picard d'un rare mérite, qui conçut les plus heureuses espérances sur les futures destinées de son jeune élève.

Celui-ci n'était alors âgé que de treize ans ; mais, formé à une telle école, il vit bientôt se dessiner sa véritable vocation.

Le sanctuaire était alors désolé. De toutes parts, les ruines s'accumulaient, et les ouvriers faisaient défaut dans le champ du Seigneur. Mais le jeune et courageux Breton se sentit attiré vers le sacerdoce d'autant plus fortement que les temps étaient plus difficiles. Dès qu'il eut compris clairement que Dieu l'appelait dans sa sainte milice, il n'hésita pas un seul instant et se prépara aux ordres sacrés.

Il reçut l'ordination sacerdotale, le 2 février 1804, des mains de Mgr de Maillé, évêque de Rennes.

Nommé vicaire à Saint-Malo, tout en poursuivant ses études théologiques, il y fonda une école qui fit de rapides progrès.

Vicaire de Saint-Malo, fondateur, directeur, professeur au séminaire; chef d'une véritable école normale; confesseur et prédicateur, le jeune prêtre, non content de vaquer aux nombreux et effrayants devoirs que lui imposaient tous ces titres, trouvait encore le temps de rassembler les matériaux d'ouvrages d'érudition et de polémique que son frère revêtait des couleurs de sa brillante imagination.

Ce fut au milieu de ces exercices de zèle que Mgr Caffarelli, son évêque, alla chercher l'humble vicaire pour l'inviter à prendre part à son administration et pour le nommer vicaire général.

Le prélat étant mort peu de temps après, Jean-Marie, quoique âgé seulement de trente-quatre ans et étranger au diocèse, fut

l'abbé Renault se plaçaient autour de la table du cabinet de Mgr Caffarelli. Le prélat ouvrait son portefeuille, et dis-

nommé unanimement, par les membres du chapitre, vicaire capitulaire de Saint-Brieuc.

En 1819, après l'installation de Mgr Le Groing de La Romagère, l'abbé Jean-Marie quitta le diocèse de Saint-Brieuc, pour obéir à l'appel que lui faisait Mgr le cardinal de Croï, grand aumônier de France.

Nommé vicaire général de la grande-aumônerie, il s'acquitta de ses nouvelles fonctions avec une supériorité de vues qui excita l'admiration de ceux qui eurent occasion de l'observer.

On le pressa souvent d'accepter la charge épiscopale ; on lui offrit même positivement le siége de Quimper : mais sa pensée était ailleurs.

Lorsqu'il était vicaire à Saint-Malo, comme à l'époque où il gouvernait le diocèse de Saint-Brieuc, il avait été surtout frappé de l'état d'abandon dans lequel se trouvait l'éducation de l'enfance. Les instituteurs faisaient défaut dans toutes les paroisses de la campagne, et les villes elles-mêmes étaient sans écoles primaires.

Il avait créé à Saint-Brieuc, sous le vocable de *la Providence*, une congrégation de femmes pour l'éducation des petites filles ; mais cette œuvre, qui prospère toujours, n'était que le prélude de sa pensée. Ce qu'il voulait, ce n'était rien moins que de marcher sur les traces du vénérable M. de La Salle.

Pour mettre ce projet en voie d'exécution, il s'adressa à l'abbé Tresvaux, alors curé de Laroche-Dériens et depuis chanoine de la cathédrale de Paris. Celui-ci lui envoya trois jeunes paysans pieux, intelligents et dévoués. L'abbé de La Mennais les reçut dans sa maison de Saint-Brieuc et les fit instruire.

Tels furent les humbles commencements de la congrégation des *Frères de l'instruction chrétienne*. Leur première maison fut d'abord établie à Josselyn, où dès lors elle donna d'heureux résultats.

Mais une grave circonstance nuisait au développement de cette œuvre : le fondateur n'y résidait pas ! Attaché à son poste de la grande-aumônerie, il avait jusque-là fait de vains efforts pour rompre ses liens. Enfin, dans les premiers jours de l'année 1824, il lui fut permis de suivre l'attrait de son cœur, de retourner parmi ses Frères, et d'y vivre avec eux et comme eux.

Dès lors il se livra, corps et âme, à sa congrégation, qu'il trans-

tribuait à chacun sa part de correspondance, en recommandant l'activité, afin d'avoir le temps de causer, quand le

porta dans la ville de Ploërmel, où il avait fait l'acquisition de vastes terrains et de bâtiments considérables qui forment aujourd'hui son principal établissement.

C'est là que, pendant de longues années, de 1825 à 1851, l'action de l'abbé Jean-Marie de La Mennais s'est exercée avec une activité et un zèle apostolique qui seront l'éternel honneur de sa mémoire.

Ce qui distingue principalement les Frères qu'il a fondés des Frères établis par M. de La Salle, c'est :

1° Qu'il peuvent aller seuls dans les paroisses ; mais en demeurant toujours chez le curé, auquel ils se rendent utiles en diverses manières.

2° Qu'ils sont spécialement destinés aux campagnes.

Ils ont cependant été entraînés, sur la demande du ministre de la marine, à y joindre les colonies. En 1837, cinq d'entre eux débarquèrent à la Guadeloupe ; en 1839, cinq autres se dirigèrent vers la Martinique ; deux partirent pour le Sénégal, en 1841 ; et, en 1842, deux s'établirent dans les petites îles de Saint-Pierre et Miquelon, et trois à Cayenne.

Le bien que firent, partout où ils parurent, les enfants du prêtre breton, fut tel, que, de toute part, on réclama leur concours. Les Noirs eurent bientôt pour eux une affection toute filiale, et ils la montrèrent surtout en 1848, lorsque le contre-coup de la révolution de février occasionna, à la Martinique, un soulèvement général des esclaves. Ce fut le supérieur des Frères qui parvint à les calmer.

Les *Frères de l'instruction chrétienne* sont maintenant (en avril 1863) au nombre de 1,023 distribués dans 374 établissements.

Ils instruisent 70,000 enfants, sans compter les classes d'adultes et les catéchismes.

Ces merveilleux progrès et les bienfaits qui en résultent, sont dus après Dieu, à l'esprit de méthode et au génie organisateur de l'abbé Jean-Marie de La Mennais, à ce zèle sans bornes et à cette prodigieuse activité qui le poussaient à visiter lui-même chaque année tous les établissements de sa congrégation en France, à présider chaque retraite, à répondre, poste pour poste, à toutes les lettres qu'il recevait, fussent-elles du dernier des Frères, à se montrer

travail serait achevé. Ces aimables causeries, dont, après quarante ans, le souvenir était encore pour les deux amis un des charmes de leur vie, donnèrent à la conversation du P. Renault ce tour gracieux et grave tout ensemble, qui la rendait si intéressante. Une dame lui disait un jour : « Pourquoi, mon père, tant de cérémonie dans vos lettres à votre enfant ? — Ah ! vraiment, je ne saurais faire autrement, quand j'écris à une dame. Mon éducation m'a coûté trop cher. Mgr Caffarelli était le modèle de l'ancienne urbanité du clergé français, et quand il se trouvait, dans ma part de lettres à répondre, quelques missives pour les dames, les observations critiques du bon prélat ne finissaient pas.... La vedette n'était pas assez bas, la marge pas assez large, le style pas assez respectueux : il y manquait toujours quelque chose. Les premières fois, j'aurais

attentif aux plus minces détails et constamment affable et bienveillant envers tous.

La fin de sa belle et honorable carrière fut empoisonnée par la chute et la révolte de l'auteur des *Paroles d'un Croyant*, qu'il eût voulu ramener au prix de tout son sang.

Toutefois, sa douleur fut silencieuse, et elle ne se manifesta ordinairement au dehors que par un redoublement de prières et de bonnes œuvres qui ne cessa qu'avec sa vie.

L'abbé Jean-Marie de La Mennais mourut à Ploërmel, dans la nuit du 26 au 27 décembre 1860.

Il eut des funérailles dignes de lui, à la fois simples comme celles d'un pauvre, et splendides comme celles d'un souverain.

On y vit apparaître son cercueil couvert d'un humble drap mortuaire; mais ce fut au milieu d'un de ces immenses concours religieux et populaires, qu'on ne trouve guère qu'en Bretagne et dans les provinces qui ont gardé, avec nos vieilles croyances, le culte de l'esprit de sacrifice et l'admiration des grands dévoûments. (*Extrait d'une série d'articles publiés dans le* Messager de la Semaine *en 1863 par M. de Cadoudal.*)

presque pleuré en voyant figurer sur ma liste un nom de dame : je pressentais, d'avance, les observations du prélat et la nécessité de recommencer autant de fois que j'aurais oublié une formule de politesse. Bref, il fut convenu que Monseigneur se chargerait, autant que possible, de ces sortes de lettres, et que j'en aurais au moins quatre à des curés et à des vicaires contre une à des dames dont il se chargerait. Je n'écris jamais à une dame sans y penser, et encore plus sans penser à toutes les bontés de Mgr Caffarelli. Je ne comprends plus une telle confiance vis-à-vis d'un jeune homme de mon âge. Toutes les affaires du diocèse et de l'Église passaient devant moi. »

CHAPITRE III.

L'abbé Renault aumônier des religieuses de Montbareil et secrétaire de Mgr Caffarelli.— Sa participation à diverses œuvres de zèle. — Ses rapports avec Mgr de Quélen et avec l'abbé F. de La Mennais.

L'abbé Renault, à peine ordonné prêtre et nommé secrétaire de Mgr Caffarelli, fut chargé de diriger la communauté des religieuses de Notre-Dame de Charité, dite de Montbareil, à Saint-Brieuc, et il s'acquitta avec zèle de ce ministère, sans que ses autres emplois souffrissent aucunement de ce surcroît de travail. Ce fut dans la chapelle de Montbareil qu'il célébra, pour la première fois, le saint sacrifice de la messe, qu'il fit son premier sermon, et qu'il commença à entendre les confessions. Plus tard, lorsqu'il venait donner des retraites aux religieuses de cette communauté, il aimait à répéter qu'il avait puisé à Montbareil une eau de grâce si abondante qu'il en était tout inondé. La seule vue de la chapelle lui rappelait les plus doux souvenirs et faisait couler ses larmes.

Dans l'accomplissement de ses fonctions de directeur, on remarqua cet esprit d'ordre qui l'a distingué dans toute la suite de sa vie. Il venait régulièrement confesser les religieuses tous les jeudis à six heures du matin. Si le domestique n'avait pas encore ouvert la chapelle, l'abbé Renault se mettait à genoux sur le pavé, près de la porte, dans un profond recueillement ; et quoique ce désagrément lui fût fort pénible en hiver, il ne lui arriva jamais de s'en plaindre. Il prêchait dans l'église des religieuses, tous les dimanches à quatre heures, sur les mystères de la vie de Notre-Seigneur. Son âme semblait alors se fondre d'amour pour ce divin Sauveur.

C'est à propos de la direction de cette communauté que le P. Renault disait dans la suite : « Rien de plus varié que la physionomie des âmes. Dieu se plaît à leur donner des traits particuliers comme aux physionomies extérieures. On ne s'y méprend pas, on les reconnaît toujours. Près de quarante ans après avoir quitté Saint-Brieuc, donnant une retraite à Montbareil, je confessais une religieuse, et, après l'avoir entendue, je la nommai par son nom. Elle en fut étonnée. J'avais reconnu ce trait de la grâce, qui fait comprendre le sens de la parole de l'Écriture : *Non est inventus similis illi*. L'Église le dit de tous les saints. En effet, aucune âme n'est pareille à l'autre. Quel beau spectacle nous offrira dans le ciel la diversité dans l'unité ! le trait commun à tous, le trait qui représente Notre-Seigneur en chacun comme en nul autre. Voir cela en Dieu, seconder la grâce pour le développer, c'est la direction spirituelle. Éprouver l'attrait, puis, si la vertu pratique s'y trouve jointe, point d'illusion à craindre. Suivez la grâce, Dieu est là : il fera son œuvre, s'il y a fidélité. »

Outre la communauté de Montbareil, l'abbé Renault rendait aussi des services aux dames de Saint-Thomas de

Villeneuve, dont il affectionna toujours beaucoup l'institut. Mgr de Quélen l'avait précédé dans la direction de cette maison, et leurs relations étaient fort intimes à l'évêché de Saint-Brieuc. La nuance de leur vertu était différente. L'abbé de Quélen avait, dans sa jeunesse, quelques dispositions au scrupule. Il y avait plus de simplicité et de rondeur dans la piété du P. Renault. « Pendant son épiscopat, disait le P. Renault, je retrouvais souvent encore de ces nuages de trouble, et, tout simplement, comme à l'hôpital de Saint-Brieuc, je lui répétais notre verset de prime : *Je courrai dans la voie de vos commandements, Seigneur, parce que vous avez dilaté mon cœur.* Il me laissait cette liberté de tout lui dire avec la franchise d'une vieille amitié, et j'en usais avec tout le respect dû à sa dignité. Son faible avait été, dans la vue du bien assurément, une certaine recherche de la popularité. Le succès de son discours sur la *conversion des rentes* l'avait flatté. Le contre-poids se trouva dans le froid que la cour lui témoigna à la suite de ce discours. Et plus tard, quand l'orage de 1830 fondit sur lui, nous répétions ensemble : *Il m'a été bon d'être humilié...* Dieu traite ainsi les saints : quand il voit la bonne volonté, il envoie les moyens. »

Une autre œuvre, l'adoration perpétuelle du Saint-Sacrement, ouvrait aussi une carrière au zèle de l'abbé Renault pour le salut des âmes. Mgr Caffarelli, en établissant cette fructueuse dévotion au sein de la religieuse Bretagne, avait réparti tous les jours de l'année entre les paroisses du diocèse, selon leur population et leur piété. Une mission de huit à quinze jours servait toujours de préparation à la solennité de l'adoration. Comme la Révolution avait détruit tous les ordres religieux, le dévoûment du clergé séculier devait faire face à ce surcroît de travail : il ne resta pas au-dessous de cette rude tâche. L'abbé Renault en prit sa part, autant que ses autres occupations le lui permirent.

Disons ici, puisque l'ordre des temps nous en fournit l'occasion, que, habile théologien autant que maître expérimenté dans la vie intérieure, l'abbé Renault a coopéré, vers cette époque, à l'impression de plusieurs ouvrages. Mais, savant modeste, il a caché son nom. Nous ne devons pas cependant laisser dans l'oubli son active collaboration, avec M. l'abbé Jean-Marie de La Mennais, à un ouvrage intitulé : *Institution canonique des Évêques.* Cet ouvrage, aussi lumineux que complet, fut l'un des premiers et peut-être le meilleur de l'auteur de l'*Essai sur l'indifférence en matière de religion.* Uni par des relations intimes avec cet écrivain dans les jours de sa gloire, il brisa entièrement avec lui, dès que le prêtre apostat brisa les liens de la subordination envers l'épiscopat et envers le Saint-Siége. Lorsque ce pèlerin de l'erreur entreprit le voyage de Rome pour porter ses doléances ou ses menaces au pied du trône pontifical, il ne se présenta pas pour voir son ancien ami dans la maison d'Avignon, dont le P. Renault était supérieur. Celui-ci ne jugea pas convenable de le prévenir, et il n'y eut pas de rencontre. Plus tard, il crut devoir tenter une démarche pour essayer de réconcilier le schismatique avec l'Église. Il lui fit une visite à La Chenaie, et lui demanda une hospitalité qui fut accordée avec bienveillance. Après le repas, la conversation, si ce n'est la dispute, s'engagea et dura jusqu'à une heure de la nuit, où la fatigue et aussi le désespoir de vaincre son antagoniste sépara les combattants. Les larmes de l'amitié coulèrent abondamment dans cette lutte si pénible; mais l'amitié ne pouvait triompher d'un homme aveuglé par un orgueil satanique.

CHAPITRE IV.

L'abbé Renault professeur de théologie au grand séminaire. — Mission de Saint-Brieuc. — Il est nommé directeur de la congrégation de la Sainte-Vierge.

Mgr Caffarelli étant mort le 15 janvier 1815, l'abbé Jean-Marie de La Mennais, vicaire général du prélat défunt, puis nommé vicaire général capitulaire, administra le diocèse pendant la longue vacance du siége de Saint-Brieuc. L'abbé Renault avait cessé de remplir alors les fonctions de secrétaire à l'évêché, et avait été nommé professeur de théologie au grand séminaire, dès le mois de mai 1814. Il ne laissa pas, néanmoins, de seconder de son mieux le vicaire général dans l'administration diocésaine.

Prêtre zélé, missionnaire lui-même éloquent et actif, l'abbé Jean-Marie désira procurer à la ville épiscopale le bienfait d'une mission. La Compagnie de Jésus venait de se rétablir en France [1], et les Pères avaient formé à Laval une résidence ou maison de mission. Cette maison était comme le chef-lieu d'où ils se répandaient dans les diffé-

---

[1] *Vie du P. J. Varin*, 2ᵉ édition, p. 203.

rentes villes de France. Jean-Marie demanda quelques-uns de ces hommes apostoliques ; et, au mois d'octobre 1816, sept d'entre eux, parmi lesquels on comptait les PP. Thomas[1], E. Deplace[2], E. Cahier[3], Ladavière et Chapelle, vinrent remplir, à Saint-Brieuc, ce ministère de salut. Les Jésuites, plus connus alors sous le nom de Pères de la Foi, paraissaient, pour la première fois, dans cette partie de la Bretagne. Leur piété et leur dévoûment furent appréciés de tout le clergé, et, de leur côté, ils furent frappés des vertus qui le distinguaient. La mission de Saint-Brieuc produisit d'admirables fruits. L'établissement de la congrégation des jeunes personnes, sous le vocable de *Marie-Immaculée*, ne fut pas un des moins précieux. Comme les réunions avaient lieu tous les dimanches, dans la chapelle des religieuses de Montbareil, l'abbé Renault en fut constitué le directeur et se dévoua à cette œuvre avec un plein succès. Il adaptait ses instructions aux besoins de la congrégation, sans négliger cependant de les rendre utiles à tous, même aux religieuses qui y assistaient. Ce fut lui qui dressa les statuts de cette congrégation ; elle existe encore aujourd'hui et continue à remplir la fin de son institution. Bien des âmes puisèrent, dans ces pieux exercices, le goût de la vie religieuse. La petite congrégation des Sœurs de la Providence, pour l'instruction des petites filles pauvres, fondée par l'abbé Jean-Marie de La Mennais, y forma son premier noyau et commença même dans son

---

[1] *Ibid.*, p. 154.
[2] *Notice sur quelques membres de la Société des Pères de la Foi*, etc. t. II, p. 265.
[3] *Vie du P. J. Varin*, 2ᵉ édition, 138.

sein ; car ce ne fut d'abord que la réunion des congréganistes les plus libres de disposer de leur temps qui se consacrèrent à l'enseignement des enfants pauvres de leur sexe ; ensuite, elles louèrent une maison pour les classes, puis elles se logèrent ensemble. Une fois réunies, elles comprirent le besoin d'un règlement. L'abbé de La Mennais, vicaire général, le donna ; la communauté se trouva ainsi toute formée et elle subsiste à Saint-Brieuc depuis lors ; elle a fondé deux autres maisons.

Cependant la réputation de l'abbé Renault allait toujours croissant. Le talent et la force qu'il déployait, en annonçant la parole de Dieu, la foi et la piété dont toute sa conduite portait l'empreinte étaient universellement admirés. Il voulut faire publiquement sa consécration à la sainte Vierge, et il la fit avec des sentiments de dévotion qui frappèrent tous les assistants. On a lieu de croire qu'il reçut, dans cette circonstance, des grâces extraordinaires. Lorsque la foule se fut retirée, il demeura prosterné aux pieds d'une statue de la sainte Vierge, dans la chapelle de Montbareil, priant avec plus de ferveur encore qu'à l'ordinaire. Sa prière achevée, il se releva pénétré du néant de tout ce qui passe et éclairé d'une lumière intime, qui lui fit connaître le prix de la pauvreté, des humiliations et des souffrances. Il ne manifesta pas d'abord ce qu'il avait éprouvé intérieurement, mais son extérieur même se ressentit du changement qui s'était opéré dans son âme. On le vit s'appliquer avec plus d'ardeur à la pratique de la simplicité, de l'humilité, de la pauvreté pour se rendre plus semblable à Jésus, humble et pauvre. Les personnes qui, par leur position, étaient à portée de l'observer plus attentivement, disaient : « On voit que la grâce travaille fortement M. Renault; il se prépare à quelque chose de grand. »

Il s'agissait, en effet, pour lui de prendre un parti dont devait dépendre tout son avenir.

CHAPITRE V.

Vocation de l'abbé Renault à la Compagnie de Jésus.

Pendant la mission de Saint-Brieuc, l'abbé Renault s'était mis en relation avec les Pères Jésuites qui, comme lui, étaient logés au séminaire. L'exemple de leurs vertus le fortifia dans une pensée qui le préoccupait depuis plusieurs années et qui ne lui avait pas paru réalisable jusqu'alors, celle de se consacrer à Dieu dans la Compagnie de Jésus. Déjà les Vies de M. Le Nobletz, des PP. Maunoir, Huby, Rigoleuc, qui étaient le sujet de la lecture habituelle des missionnaires réunis pour les adorations, lui avaient inspiré une haute estime pour les enfants de Saint-Ignace. Une particularité, fort remarquable, l'avait encore confirmé dans le dessein d'embrasser leur genre de vie. Il dirigeait une religieuse, d'une vertu éminente, qui lui avait plusieurs fois répété en confession : « Mon père, permettez-moi de vous le dire ; vous n'êtes pas à votre place, Dieu vous appelle ailleurs ; » et le mot de Compagnie de Jésus avait été prononcé. Le confesseur et la pénitente, tous les deux d'un esprit solide, regardèrent cette inspiration comme divine, d'autant plus qu'elle concordait avec les dispositions intérieures du directeur. C'est lui-même qui, dans l'intimité de la conversation, fit connaître ces détails au père recteur de Sainte-Anne d'Auray, quand il se présenta pour examiner sa vocation et solliciter son admission dans la Compagnie de Jésus en 1819.

Mais écoutons le P. Renault raconter lui-même la maturité avec laquelle il procéda dans cette importante affaire, et la manière dont il exécuta son projet. Nous en lisons le récit dans une lettre, adressée par lui au rédacteur du journal *la Foi bretonne*, au sujet de la mort du vénérable M. Vielle [1], dont nous avons parlé plus haut, et insérée dans le numéro du 23 avril 1857 : « Jamais je ne me serais présenté au séminaire de Saint-Brieuc, à l'âge de dix-sept ans, si j'avais su que la Compagnie existât quelque part dans le monde. M. Vielle connaissait les dispositions de mon âme à cet égard ; il savait que la mission donnée à Saint-Brieuc, en 1816, par des Jésuites sous le nom de Pères de la Foi, avait été pour moi une révélation. Je ne lui avais point caché mon intention d'aller faire une retraite à Sainte-Anne d'Auray, pendant les vacances de 1818 ; après cette retraite, j'étais revenu au séminaire, pour remplir, pendant l'année qui allait s'ouvrir, mes fonctions ordinaires. Je n'avais rien de caché pour lui, il le savait bien ; et cependant, sur cet article de la vocation, rien ne se disait ni de son côté, ni du mien ; nous gardions instinctivement le silence par égard l'un pour l'autre ; mais le silence était une parole : nous nous comprenions, nous voyions le temps arriver. Le soir donc du 19 juillet 1819, tout le monde

---

[1] Voyez cette lettre citée en entier à l'Appendice n° XXI.

s'étant retiré pour se livrer au repos, ce fut le moment où je me présentai pour lui faire mes adieux. Il me demanda si j'y avais bien pensé ; sur ma réponse affirmative : « Hé bien ! mon ami, dit-il, la volonté de Dieu soit faite. » Il m'embrassa avec émotion, et me remit, comme souvenir, une relique de saint Ignace, que, depuis ce moment, je porte toujours sur moi. »

Le P. Renault avait besoin, pour quitter son poste, du consentement de l'autorité diocésaine dont l'abbé de La Mennais, son ami, était le dépositaire. Il l'accorda de bonne grâce ; et quand le P. Thomas, supérieur de la résidence de Laval, lui proposa d'accorder la même faveur à différents sujets qui désiraient entrer dans la Compagnie, il lui dit : « Prenez les cœurs que Dieu vous donnera. Vous n'aurez que cela dans ceux que vous me nommez ; quant à l'abbé Renault, ajouta-t-il, en lui vous aurez *une tête au-dessus d'un grand cœur*. Vous m'en remercierez quelque jour. Il faut bien que Dieu le veuille pour que je vous le donne ; car c'est une grande perte pour le diocèse. Il irait à tous les postes, et bien. » Sincèrement dévoué à la Compagnie de Jésus, l'abbé Jean-Marie était heureux de lui avoir donné un tel membre ; et le P. Renault lui conserva une vive reconnaissance pour avoir si bien secondé son attrait.

CHAPITRE VI.

Adieux de l'abbé Renault à la congrégation et à sa mère.

Avant que de quitter Saint-Brieuc pour aller se présenter au noviciat de la Compagnie de Jésus, et de briser des liens qui n'avaient pas été sans consolation pour lui, l'abbé Renault voulut laisser à la congrégation de la Sainte-Vierge qu'il avait dirigée avec tant de fruit, un témoignage de son attachement. Quelques heures avant son départ, il écrivit cette espèce de testament qu'il adressa à ses chères congréganistes, et qui devait être lu dans une de leurs réunions.

« Il m'en coûte de vous quitter sans vous voir : mais il m'en eût coûté davantage de vous voir, avec la pensée que ce serait pour la dernière fois : c'est une satisfaction que j'ai voulu m'épargner dans un temps où je n'en goûte plus que de semblables : pourriez-vous le trouver mauvais, ou douter maintenant de l'intérêt que je vous ai porté ? Je n'ai jamais voulu que votre vrai bonheur, et c'était pour y contribuer en quelque chose que j'ai accepté, je ne sais comment, sans réflexion, une place à laquelle un autre eût mieux convenu ; c'est ce qui m'animait toujours, et aujourd'hui, vous ne le croiriez pas, c'est ce qui me console : car toutes les fois que vous vous présentez à ma pensée avec d'autres personnes qui m'étaient confiées aussi, il me semble qu'on me dit : Appelé ailleurs, vous n'avez plus grâce pour elles ; vous voudriez encore leur être utile, vous ne sauriez l'être, hors de l'ordre de la Providence. Je vous quitte donc, mes chères sœurs, par le même motif qui m'avait conduit à vous, ou plutôt ce n'est pas moi qui vous quitte, c'est Dieu qui m'appelle ailleurs. M. de La Mennais veut bien se charger de vous conduire, lui qui, malgré la sollicitude des Églises de tout un diocèse, a toujours su trouver le temps de veiller avec une bonté si touchante sur cette petite congrégation ; il va maintenant la conduire par lui-même. Combien vous devez vous montrer empressées de répondre à une si grande faveur ! Faites en sorte que les moments qu'il dérobera pour vous au gouvernement du diocèse, lui soient comme les moments d'un père qui vient se délasser avec ses enfants des peines et des travaux de la journée. J'ai encore une grâce à vous demander, c'est de faire une communion pour moi dans l'espace d'un an. Vous m'en devriez une, si je venais à mourir : cette communion remplacera celle que vous feriez à ma mort. Vous demanderez à Dieu pour toute grâce de me faire mourir à moi-même. Alors vous n'aurez plus qu'à me recommander à Dieu quelquefois, si la pensée vous en vient. Pour moi, M. T. C. S., je crois pouvoir le dire avec l'apôtre : A Dieu ne plaise que je vous oublie jamais ! Pendant près de trois ans que j'ai eu quelques rapports avec vous, je vous recommandais à Dieu tous les jours avant de monter à l'autel; et maintenant je vous recommanderai encore ; je dirai la messe une fois le mois, pendant une année pour la congrégation, et les besoins de chacune de vous en particulier, et aussi pour les établissements de mesdemoiselles Cartel et Jagot, au bien desquels je vous prie de concourir par vos prières, quand vous ne le pourrez autrement. Et ne croyez pas que l'affection que je vous porte en Jésus-Christ se borne à l'année qui suivra mon départ. Si loin que je sois envoyé, fût-ce aux extrémités de la terre, Dieu y sera, et j'aimerai à vous y retrouver toujours, non que je m'attende à être envoyé bien loin, ou que j'aie la présomption de croire que je serai jugé digne de porter la foi chez des peuples infidèles ; je voulais dire que ni les temps ni les lieux ne pourront affaiblir en moi le désir que j'ai de votre salut. S'il nous en coûte de nous quitter, il faut nous souvenir que nous n'avons point ici-bas de demeure permanente ; mais que nous en cherchons une dont Dieu est le fondateur et l'architecte. Qu'est-ce, en effet, que notre vie, sinon un voyage de quelques jours ? Nous nous sommes rencontrés par une disposition de la Providence, et nous avons marché quelque temps ensemble, nous entretenant des peines de l'exil et du bonheur de la chère patrie : aujourd'hui la même Providence qui nous avait réunis, nous sépare ; mais ce n'est que pour un temps. Continuez, M. C. S., marchez toutes ensemble dans la voie des commandements sous la protection de la Mère de Dieu, à moins que quelques-unes ne soient appelées à la suivre de plus près dans la carrière des conseils évangéliques. Vous avez même un assez beau rôle à jouer dans la scène du monde, c'est de l'édifier. Montrez-lui, chacune dans votre état, jusqu'à quel point on peut le suivre sans cesser d'être chrétienne. Vous n'avez besoin pour cela que de votre modestie ; et si vous êtes vraiment humbles, on aimera à céder à l'autorité de vos exemples. Que celles qui le peuvent, se prêtent à instruire ces enfants, dont le cœur, comme une cire molle reçoit toutes les impressions et conserve si longtemps les premières. Plantez-y la foi et l'amour des vertus qu'elle inspire. Sauvez-les de la contagion des mauvaises doctrines. J'ai toujours cru que c'était là le partage qui vous était destiné, et le genre d'apostolat que vous pouviez exercer. Continuez, faites ce que vous faites. Je le ferai aussi ; mais je dois vous quitter. Il faut que je m'engage dans cette voie plus étroite, dont l'entrée s'ouvre enfin aux désirs de mon cœur. On m'y promet, comme à l'Apôtre, des persécutions, des croix, des chaînes et des afflictions. Uniquement fort de la grâce de mon Dieu, j'ai répondu, comme l'Apôtre, que ma vie n'était pas plus précieuse que moi-même et que je ne craignais rien de ces choses, pourvu que j'achève ma course, et que j'accomplisse le ministère du Seigneur Jésus.

« Nous allons donc nous séparer ici. Adieu, M. C. S. ; je vous quitte, mais je vous suis en esprit. Je cesse d'être votre directeur, mais je demeure votre frère. Je penserai souvent à vous, pour m'exciter par les exemples que vous m'avez donnés. Adieu, mais non ; je ne vous quitte que pour vous revoir : c'est pour vous retrouver plus sûrement. Ainsi point d'adieu ; à bientôt seulement, à la fin du voyage. Adieu sur la terre, nous nous retrouverons dans le ciel ! »

Il restait pour l'abbé Renault un dernier devoir à remplir, un devoir de piété filiale. Le 31 juillet, accompagné d'un prêtre de ses amis [1], il se rendit au Pont-Cornoux pour annoncer à sa mère la résolution qu'il avait prise, pour lui faire ses adieux, et lui demander sa bénédiction. Le même jour il prit également congé du curé de Ploubalay, et le lendemain, il se mit en route pour Paris, où il devait se présenter au noviciat de la Compagnie de Jésus.

[1] M. Homery.

CHAPITRE VII.

Le P. Renault novice de la Compagnie de Jésus à Montrouge ; professeur de théologie, et socius du maître des novices.

Une nouvelle carrière allait s'ouvrir pour le vertueux prêtre. Il y entra avec ce courage, cette énergie de volonté qui rend capable des plus grandes choses. Il n'avait été jusqu'alors au-dessous d'aucun des emplois qui lui avaient été confiés. Il se trouvera plus tard à la hauteur de ceux qui l'attendent dans son nouveau genre de vie. Il fut admis au noviciat de Montrouge le 5 août 1819 par le P. Louis Simpson[1], alors provincial de France, et il eut pour maître des novices le P. Jean-Baptiste Gury[2].

Avons-nous besoin de dire avec quelle perfection un homme du caractère du P. Renault s'acquitta des exercices prescrits aux novices ? Il avança d'un pas si ferme dans la voie des vertus religieuses qu'on crut pouvoir abréger pour

---

[1] *Vie du P. Joseph Varin de la Compagnie de Jésus*, 2ᵉ éd., p. 219.

[2] *Notices historiques sur quelques membres de la Société des PP. du Sacré-Cœur et de la Compagnie de Jésus*, t. I, p. 71.

lui le temps des épreuves, et dès le mois de novembre 1820, il fut choisi pour enseigner à Paris la théologie dogmatique aux jeunes religieux de la Compagnie de Jésus. L'année suivante, le cours de théologie, ayant été transporté à Saint-Acheul, il y suivit ses disciples et leur enseigna la théologie morale, et fut en même temps chargé de diriger la congrégation de la Sainte-Vierge. Il succédait dans cette dernière fonction, au P. Louis Debussi[1], le pieux auteur du *Nouveau mois de Marie*, décédé le 9 février 1822 avec la réputation d'un saint, et universellement regretté. Le P. Renault eut bientôt gagné la confiance des élèves. Ses vertus, surtout sa modestie, son humilité et sa sagesse, le firent unanimement aimer et respecter.

Mais les supérieurs n'avaient pas tardé à reconnaître que le don spécial du P. Renault était la direction des âmes. Aussi en 1823, le P. Richardot[2], alors provincial, le désigna pour remplir les fonctions de compagnon du maître des novices à Montrouge. Dans ce nouvel emploi, le P. Renault seconda merveilleusement le père maître, et les novices trouvèrent en lui un homme vraiment intérieur, dont les exemples et les conversations ne contribuèrent pas peu à entretenir la ferveur dans le noviciat, où se trouvait alors le P. de Ravignan, chargé des fonctions d'admoniteur en même temps que le P. Renault remplissait celles de socius. Celui-ci assistait aussi aux instructions adressées aux pères du troisième an, et les aidait de ses conseils. Un mot souvent lui suffisait pour donner une

---

[1] *Notices sur quelques membres de la Société des PP. du Sacré-Cœur*, t. II, p. 235.
[2] *Ibid.*, p. 101.

utile leçon qui se gravait dans la mémoire et qu'on n'oubliait pas. Un père, jeune alors, et qui, vu son caractère ardent, s'échappait parfois en impétueuses saillies, se souvient encore qu'il lui dit un jour d'un air inspiré : « Mon père, un peu de repos en Dieu, » et cette maxime est devenue pour lui une règle de conduite. La douce gaîté du père socius tempérait et neutralisait heureusement l'apparente sévérité du père maître. Chargé de faire la répétition des conférences du noviciat, il savait les appuyer sur des principes ascétiques, et leur donner une forme qui en faisait une instruction nouvelle et fort intéressante. Il commençait aussi à s'initier par ses propres études à la connaissance des Exercices spirituels de S. Ignace qu'il comprit et exposa dans la suite si parfaitement, comme nous le verrons plus loin. Là aussi il eut le bonheur de converser intimement avec le R. P. Godinot[1], qui venait d'être élevé à la charge de provincial, et qui, par ses exemples et ses avis, assouplit les manières quelquefois un peu raides du père socius.

[1] *Notices historiques sur quelques membres de la Société des Pères du Sacré-Cœur*, t. II, p. 157.

CHAPITRE VIII.

Le P. Renault maître des novices à Avignon. — **Ses règles de conduite.**

Le noviciat de Montrouge devenait, de jour en jour, plus insuffisant et l'exiguïté du local ne permettait plus d'y admettre les nombreux candidats qui se présentaient. Les supérieurs crurent que le temps était venu d'ouvrir un second noviciat dans le midi de la France. La ville d'Avignon était encore pleine du souvenir des anciens Jésuites établis dans le comtat Venaissin, et en particulier du P. de Ligny, auteur de la *Vie de Notre-Seigneur*, et du P. Nolhac, le glorieux martyr de la Glacière. Les notables habitants de cette cité se réunirent donc pour solliciter auprès du P. provincial la faveur de voir ce second noviciat établi dans leurs murs. L'hôtel Calvière, converti en maison religieuse, fut offert pour recevoir les nouveaux hôtes. L'archevêque, Mgr de Mons, s'estima heureux de donner toutes les autorisations nécessaires, et de posséder dans sa ville épiscopale une maison qu'il regardait comme une source de bénédictions pour son diocèse. Tout étant ainsi préparé, au mois de juillet 1824, le P. Renault, religieux accompli lui-même, et qui avait achevé de se former à la direction des novices dans l'exercice de la charge de socius, vint prendre possession de la maison en qualité de supérieur et de maître des novices.

Ce choix fut d'autant plus remarquable que la Compagnie comptait alors parmi ses membres des hommes d'une éminente vertu et d'un mérite distingué. Il fallait que le P. Renault eût acquis une bien grande réputation de capacité, de prudence et de piété pour que, malgré sa jeunesse, (il n'était alors âgé que de trente-six ans), on lui confiât un poste aussi important. En effet, dix ans à peine s'étaient écoulés depuis le rétablissement de la Compagnie; et il s'agissait d'imprimer une direction sûre à la nombreuse jeunesse qui frappait à la porte du noviciat, et de lui inculquer le véritable esprit de sa vocation. Le P. Renault répondit parfaitement à l'attente des supérieurs par la manière dont il s'acquitta de ce difficile emploi. Nous trouvons dans les lettres du R. P. Roothaan, général de la Compagnie de Jésus, des témoignages non équivoques de la confiance sans bornes que lui avait inspirée le P. Renault et de la satisfaction qu'il éprouvait en voyant les soins dont le père maître environnait les novices confiés à sa sollicitude.

« J'espère, lui écrivait-il le 24 avril 1830, que tout votre cher noviciat continue sur le même pied. Ce que vous m'en avez annoncé *en détail*, comme ce que j'en avais souvent appris et que j'en apprends toujours *en gros*, m'a été et m'est toujours de la plus grande consolation.

« Continuez, mon excellent père, *à former, à former* de vrais Jésuites : nous trouverons toujours à les employer à la gloire du Seigneur et au salut des âmes, quand ils seront bien prêts et pourvus de ce qu'il faut pour les grandes œuvres, auxquelles il a plu au Seigneur de les appeler par sa pure miséricorde.... Avant tout, bon esprit religieux, intérieur bien solide, bien ferme. Vous, entre autres, mon révérend père, vous en donnez les principes à ceux que la Providence vous met entre les mains. Continuez, et vous formerez des apôtres. *Fiat! Fiat!*

« Aux chers novices que dirai-je ? Deux mots seulement : *Videte, fratres, vocationem vestram*[1], et *Eia, fratres, ne degeneremus ab excelsis cogitationibus filiorum Dei*[2]. — Je n'ai pas besoin de leur expliquer le sens de ces paroles. Vous le faites et vous le ferez encore. Adieu, mon Révérend Père, je vous embrasse dans le Seigneur. Saluez pour moi toute votre communauté, et tous vos chers novices. »

Ce n'est pas la dernière fois que nous aurons lieu de citer la correspondance du R. P. Roothaan avec le P. Renault, et les marques d'estime et d'affection que ce dernier reçut de son général. Ces deux hommes si bien faits pour s'apprécier étaient unis par la communauté des mêmes pensées, des mêmes vues et des mêmes sentiments. Dès qu'ils se connurent ils s'estimèrent, et s'aimèrent sincèrement ; et quand le P. Renault fut envoyé à Rome par la congrégation provinciale en qualité de procureur de la province de France, il put jouir du bonheur qu'il ambitionnait depuis longtemps, moins encore de voir la ville éternelle, que de converser cœur à cœur avec le R. P. Roothaan. A son retour, il ne se lassait pas de raconter, avec

---

[1] Considérez, mes frères, votre vocation. (I Cor., I, 26.)

[2] Courage ! mes frères, ne soyez indignes des grandes pensées qui conviennent à des enfants de Dieu.

admiration et avec reconnaissance, tout le bien que lui avaient fait les entretiens de son général.

La conduite du P. Renault dans le gouvernement de la maison était celle d'un supérieur modèle, en tout conforme à ce que demande la Compagnie de Jésus de ceux auxquels elle confie la direction de leurs frères. Sa vie uniformément régulière voilait ses actes héroïques de vertu : mais évidemment il ne pouvait se conserver dans une paix inaltérable et la faire régner autour de lui, malgré l'importance et la variété de ses occupations, que par une union intime avec Dieu par Notre-Seigneur Jésus-Christ. Une maxime sacrée qu'il avait souvent sur les lèvres, et qui était profondément gravée dans son cœur : *fortiter in re, suaviter in modo,* était la règle invariable de ses relations avec tous les religieux de sa maison.

Quelques pages tracées de sa main et trouvées dans son portefeuille après sa mort, donneront une idée de la perfection à laquelle était parvenu ce saint religieux et quelle ligne de conduite il suivait pour lui-même et à l'égard de ceux dont il était chargé.

Mihi enim vivere Christus est. (Philipp., 1.)

L'esprit donc et le cœur de Jésus.

A l'extérieur, rien d'affecté. De l'ordre, mais liberté. Si je suis dérangé, la paix : *Magister vocat te.* En tout ce que je vais dire, beaucoup de simplicité et rien par contention; suivre l'attrait de la grâce, oraison de simple recueillement.

Lever. Comme Jésus : *Christus ingrediens mundum...* Ne pas différer un instant : *Deus meus volui.* S'habiller promptement. Modestie, recueillement et préparation à l'oraison.

Oraison. Comme Jésus devant son père. Peu de paroles, cœur dilaté. En finissant, ne point quitter Dieu, conserver le fruit de l'oraison.

Sainte Messe. Comme Jésus. Préparation. Extérieur recueilli et plein de religion. Embrasser tout en Jésus-Christ, bénir et sanctifier tout. Sacrifice un et parfait. Les quatre fins. Communion, union intime et vivifiante. Adorer et aimer. Action de grâces, offrande et abandon.

Office divin. Comme Jésus : *Semper vivens ad interpellandum pro nobis.* Son organe en terre, et député de son Église. Tous les besoins. Attention aux paroles, à Dieu, au mystère, mais sans contention; dévotion du cœur.

Travail. Toujours uni à Jésus, comme Jésus à son Père : *Pater meus usque modo operatur, et ego operor...*

Exhortations ou conférences. Comme Jésus enseignant ses apôtres. Le faire toujours ressortir comme sauveur et comme modèle : *Aspicientes in auctorem fidei,* etc. Entrer dans son cœur, et de là parler. Simplicité, solidité, zèle : *Tanquam Deo exhortante per nos.*

Visite au saint Sacrement. Comme Jésus anéanti devant son père. Foi vive, humilité, amour.

Examens. Prévoir mes fautes, et me préparer la grâce des vertus contraires. Voir le défaut qui est le sujet de mon examen particulier. Combien de fois je suis tombé, *noter... m'humilier* de toutes mes fautes, sans me décourager; affection toujours plus grande à la vertu; prier, agir, et tout attendre de mon Dieu.

Repas. Règle 30e. Comme Jésus, sous les yeux de son Père céleste, à côté de sa sainte Mère et de saint Joseph. Ce qui se présente, et tel qu'il est. Du reste, user sans choix des mets que Dieu nous sert : *Et justi epulentur et exultent in conspectu Dei, et delectentur in lætitia.*

Récréation et conversation. Règle 29ᵉ. Comme Jésus avec ses disciples et ses amis. Tous les égards dus au rang, à l'âge, au mérite ; mais rien d'humain. Silence sur soi. Toujours quelques mots de Dieu. Un cœur d'apôtre.

Chapelet. Comme Jésus honorant sa très-sainte mère ; méditer les mystères ; amour et confiance d'enfant.

Lecture de piété. Comme Jésus puisant tout dans son Père. Livre qui parle plus au cœur qu'à l'esprit ; le goûter, s'en nourrir.

Litanies et autres prières. Comme Jésus honorant ses dons dans les Saints. Esprit de foi, rien par routine, attention intérieure à tout.

Préparation du sujet d'oraison. Comme Jésus se retirant de la foule dans le jardin ou sur la montagne. Suivre les additions de saint Ignace.

Vœux et Règles pour l'esprit et pour la lettre. Comme Jésus : « Deus meus volui, et legem tuam in medio cordis mei. — « Iota unum aut unus apex non præteribit a lege. — Sine « modo ; sic enim decet nos implere omnem justitiam. »

Illusions et tentations. Usage des règles de saint Ignace, y joindre mon expérience... Calme, regard plein de confiance sur Jésus ; union douce de mon cœur à son divin Cœur et aussi au saint Cœur de Marie.

Après les fautes. Les détester et les supporter cependant avec patience. Jamais de découragement, jamais d'abattement, jamais de trouble, fût-on tombé dix fois, vingt fois le jour et plus encore. Désaveu paisible et plein de confiance ; puis se porter sur-le-champ à faire ce qui se présente à faire, et le faire de son mieux, ne pensant plus à la faute jusqu'à l'examen, et, de là, jusqu'à la confession.

Confession. S'y bien préparer, s'exciter surtout à la con-

trition et au bon propos, toujours un péché de la vie passée.
Le ciel perdu par le péché, l'enfer mérité, Jésus crucifié, etc.
Et par ces derniers péchés, légers peut-être, mais habituels,
combien le royaume de Dieu retardé dans mon cœur, dans
le cœur des autres, l'Esprit-Saint contristé !... Accusation
humble, simple, pleine de foi ; Dieu dans le confesseur par-
lant, jugeant, pardonnant. Attention exclusive à chaque chose.
— Acte de contrition vif, mais tranquille ; peu de paroles. —
Après la confession, croire les péchés pardonnés ; paix et reconnaissance : *Benedic, anima mea, Domino.*

Confesseur, Directeur. Comme Jésus remettant les péchés,
instruisant. Tout plein de sa charité, mais rien d'humain. —
Confesseur, les règles des prêtres, 15, 16, 17 et 18 : *Sic nos
existimet homo ut ministros Christi.* — Directeur ; avant tout,
bien connaître cette âme ; à quoi est-elle portée ?...

Maître des novices. Comme Jésus formant ses apôtres. Les
consoler ; les encourager, plus encore que les instruire. Leur
insinuer le véritable esprit.

Dire, redire et redire encore. Cependant, plus écouter que
parler. Jamais rien dans l'émotion, attendre le moment et
l'impulsion de la douce charité.

Prier, tout dans un esprit de prière : « Pater, serva eos in
« nomine tuo quos dedisti mihi... Emitte Spiritum tuum, et
« creabuntur. »

Recteur. Comme Jésus, chef de son Église, la gouvernant
par son esprit. Ne pas faire tout par soi-même, mais savoir
tout, diriger tout, porter et vivifier toute la maison par de
saints et continuels désirs : *Christus dilexit Ecclesiam...
Simon Joannis, diligis me plus his?*

Multiplicité d'affaires. Comme Jésus, toujours libre. Faire
alors avec une sainte diligence, et *bien* faire ce qui presse

davantage; Dieu viendra en aide. Après tout, ayant fait ce qu'on a pu, on aura fait ce qu'on doit; la paix.

Difficultés, événements, peines. Comme Jésus, voir tout venir de Dieu, et aller de tout à Dieu : *Calicem quem dedit mihi Pater, non bibam illum?* S'unir au Cœur de Jésus dans la circonstance de sa vie où il a éprouvé cette peine, et décharger son cœur dans le sien : *Venite ad me, omnes qui laboratis.*

Vertus de la Croix. Comme Jésus et en union avec lui : *Adimpleo ea quæ desunt...* Amour des humiliations *extérieures* de la vie cachée et de la vie publique, quand on nous désapprouve; humiliations *intérieures* par le sentiment de mes misères et la vue de mes fautes; en conserver l'impression, la goûter.

Pauvreté d'esprit. Détachement pratique et véritable de tout ce qui n'est pas Dieu : *Quid mihi est in cœlo, et a te quid volui super terram?.....*

Abnégation continuelle. Par une obéissance prompte, entière et constante à la règle, par une dépendance qui me fasse, dans la supériorité, le serviteur de tous : *Servus filiorum Dei.*

Pénitences et mortifications. D'abord celles qui me sont imposées, et qui me viendront des saisons, des personnes et des choses; et puis, celles qui me seront inspirées par un esprit d'humilité et d'amour.

Persévérance. Comme Jésus qui ne s'est point relâché dans l'affaire de mon salut, mais hélas! je retomberai. Je me relèverai, comme Jésus montant au Calvaire. Je tirerai des forces de mes chutes par l'humiliation, et, sans regarder en arrière, j'irai toujours : « Unum autem : quæ retrò sunt obliviscens, « ad ea verò quæ sunt priora extendens meipsum, ad desti-

« natum persequor, ad bravium supernæ vocationis Dei in
« Christo Jesu. »

Religieux de la Compagnie de Jésus. Tendre à la perfection. Esprit et perfection de la Compagnie, l'article 2 du Sommaire; le moyen, l'article 12 par l'office bien rempli, et la manière si douce de l'art. 17, et de l'art. 29.

Dévotions particulières. Au Sacré-Cœur de Jésus, l'humilité de cœur; au Saint-Cœur de Marie, la pureté de cœur; à saint Joseph, le recueillement;

A mon bon ange, la présence de Dieu, fidélité;

A mon saint patron, l'amour de Notre-Seigneur et de sa pauvreté; à mon père saint Ignace, son esprit;

Aux âmes du Purgatoire, prier pour elles;

A la communion des Saints, *ô Jerusalem beata!*...

Mais voir toujours et adorer la très-sainte et très-auguste Trinité; l'honorer spécialement tous les dimanches : le dimanche qui nous représente le repos éternel du ciel, le jour éternel du Seigneur, où tous les Saints, étant un avec Jésus-Christ, seront heureux du bonheur de Dieu même, par la claire vue de ce grand mystère.

Videbimus, amabimus, laudabimus.....

Gloria Patri, et Filio, et Spiritui Sancto.....

CHAPITRE IX.

Le P. Renault s'applique à l'étude des Exercices spirituels de saint Ignace, et en propage l'intelligence et le goût.

Cette séve de vie intérieure qui animait toute sa conduite, le P. Renault la puisait dans les *Exercices spirituels* de saint Ignace. Il fut un de ceux dont Dieu se servit pour rendre à la Compagnie renaissante en France, l'intelligence pratique d'un trésor qu'elle ne connaissait pas assez. Il en recommandait l'étude à ses novices; il les leur expliquait, les faisait goûter. Après s'être bien pénétré lui-même de la substance de ce livre admirable, et avoir approfondi chacune des paroles du texte, il le commentait, et il en faisait jaillir des torrents de lumière et de saintes affections. Pour mettre à la portée des simples fidèles les enseignements renfermés dans le livre des *Exercices spirituels*, et propager les différentes méthodes de méditation qui y sont proposées, il dirigea la publication d'un opuscule intitulé : *Méthodes tirées des Exercices spirituels de saint Ignace approuvés par le Saint-Siége*[1]. Dans le

---

[1] Cet opuscule in-18, imprimé chez Seguin aîné, à Avignon, a été souvent réimprimé depuis, à un grand nombre d'exemplaires.

même but et pour contribuer à répandre la connaissance des mystères de la vie de Notre-Seigneur et augmenter la dévotion envers la très-sainte Vierge, il fit publier deux autres opuscules intitulés, l'un : *le Saint-Rosaire*, qu'il appelait : *les Exercices en prières ;* l'autre : *le Saint-Scapulaire.* Ces deux livrets, souvent réimprimés depuis, respirent l'un et l'autre la plus tendre et la plus solide dévotion.

Le P. Renault, dans sa correspondance avec le R. P. Roothaan, ne lui laissa pas ignorer ses efforts pour propager l'estime et la pratique des Exercices spirituels, et les merveilleux fruits qu'ils produisaient dans le noviciat. Le révérend père général, qui possédait si parfaitement lui-même la science de ces saints Exercices, et qui, plus tard, en publia un admirable commentaire[1], encouragea le maître des novices à marcher dans cette voie et le félicita de ses succès. Il accompagna ses encouragements d'avis pleins de sagesse dont nous ne voulons pas priver nos lecteurs :

« Je ne suis pas surpris, écrit le révérend père général, le 29 décembre 1839, que votre révérence remarque avec grande consolation les fruits de salut produits par les saints Exercices : c'est une suite naturelle, je dirais presque nécessaire, des Exercices, quand ils se font avec soin et suivant les règles. Et s'il arrive si souvent que, même dans des hommes animés d'ailleurs d'une bonne volonté, ils ne produisent que des fruits médiocres

---

[1] *Exercitia spiritualia S. P. Ignatii de Loyola,* cum versione litterali ex autographo hispanico notis illustrata. Romæ, 1838. On a publié plusieurs éditions de cet ouvrage.

et peu durables, on ne peut en assigner d'autre cause que la liberté que l'on se donne trop souvent de s'écarter de la vraie méthode.

« Au reste, c'est le propre de ces Exercices, qu'on ne puisse les bien posséder sans beaucoup de réflexion, sans une longue pratique, et même sans beaucoup de prières. Combien je souhaiterais que tous nos pères s'y appliquassent avec tout le zèle dont ils sont capables ! La Compagnie en retirerait bientôt de merveilleux fruits pour elle-même, et se rendrait bien plus utile au prochain pour la plus grande gloire de Dieu. Quant à nous, faisons tous nos efforts pour nous rendre familier l'usage de ces armes spirituelles et pour procurer le même avantage au plus grand nombre d'âmes qu'il nous sera possible.

« Je ne doute pas que votre révérence n'ait recours, non-seulement au Directoire, mais aussi aux développements du P. Diertins[1] et du P. Le Gaudier[2], et qu'elle ne recommande ces ouvrages aux pères de la troisième probation : car si ces pères ne prennent alors le véritable esprit des Exercices, il n'y a presque pas lieu d'espérer qu'ils comprennent jamais bien cette céleste philosophie, et qu'ils s'en pénètrent.

« Tous les prêtres de la Compagnie devraient posséder parfaitement tous les enseignements du livre de notre saint

---

[1] *Exercitia spiritualia S. P. Ignatii Loyolæ*, cum sensu eorum explanato et Directorium. Auct. P. Ignatio Diertins, S. J., 2 vol. in-12.

[2] *Introductio ad solidam perfectionem per manuductionem ad S. P. N. Ignatii exercitia spiritualia*. Auct. R. P. Antonio Le Gaudier, S. J., 1 vol. in-12.

fondateur, même les moins importants en apparence, et les avoir présents à l'esprit. Ils y trouveraient assurément un secours puissant et infaillible, non-seulement pour tendre à la perfection propre à notre vocation, mais aussi pour agir en toutes choses selon les règles de la sagesse et de la prudence, et pour éviter les illusions auxquelles sont trop fréquemment exposées la bonne volonté elle-même, la piété et la science.

« Que votre révérence continue donc comme elle a commencé, et puisque, dans peu de temps, elle va contracter des liens plus étroits avec la divine bonté, puisse cette souveraine majesté ratifier ces engagements sacrés, les resserrer de plus en plus, et enrichir de grâces nouvelles et toujours plus abondantes l'âme de votre révérence, qui lui est déjà si chère. C'est ce que je demande de tout mon cœur, et je la félicite d'avance, comme je me félicite moi-même, et la Compagnie, du bien qui ne peut manquer de résulter de ce dernier engagement. »

Le R. P. Roothaan fait ici allusion aux vœux de profès, que le P. Renault allait bientôt prononcer, et qu'il prononça en effet, à Avignon, le 2 février 1830.

C'est pendant le séjour du P. Renault à Avignon, qu'en 1831, le P. de Ravignan, alors professeur de théologie au collége de Brigg, en Valais, qui connaissait et appréciait l'expérience du P. Renault dans la manière de donner les Exercices spirituels, le consulta sur une question qui lui causait quelque embarras dans la pratique. Il s'agissait pour lui de se fixer sur la marche à suivre dans la direction des retraites données à des réunions composées de personnes dont les sentiments, le caractère, les devoirs, les positions, etc., sont différentes. Le P. Renault lui fit, le 8 décembre, une réponse qui renferme les observations les plus sages, fruit de son expérience dans ce genre de ministère, mais trop longues pour pouvoir entrer dans notre récit.

CHAPITRE X.

Le P. Renault dans l'exercice du saint ministère à Avignon. — Révolution de 1830.

L'assiduité et le soin avec lesquels le P. Renault remplissait ses fonctions de maître des novices, ne l'empêchaient pas de se livrer à l'exercice du saint ministère. Il conduisait dans les voies de la perfection chrétienne plusieurs âmes d'élite, qui s'estimaient heureuses de profiter de conseils d'un aussi habile directeur. Qu'il nous suffise de citer, entre autres, mademoiselle Poulain, femme d'une éminente piété, qui s'employa avec tant de zèle à établir et à propager la dévotion du Rosaire-Vivant. Le P. Renault ne refusait pas, non plus, de travailler à la sanctification des âmes dans les communautés religieuses, et plus particulièrement chez les Dames du Sacré-Cœur, qui possédaient à Avignon un pensionnat florissant. Ses exhortations y étaient attendues avec une sainte impatience et écoutées avec avidité. Il montait aussi quelquefois dans les chaires des diverses paroisses. Sa présence était accueillie comme une bénédiction de Dieu, et ses solides instructions, prononcées d'une voix vibrante, et avec l'accent de la foi et de la piété, faisaient toujours une vive impression. Aussi le révérend père jouissait-il de la considération la plus justement méritée, et lorsque, dans la suite, les supérieurs lui confièrent des fonctions qui le tenaient éloigné de la ville d'Avignon, il n'y reparaissait jamais sans que sa présence n'y causât une joie et une consolation véritables à toutes les personnes qui l'avaient connu. Lui-même conserva, durant toute sa vie, le plus doux souvenir du noviciat d'Avignon. Quatorze novices, formés par ses mains à Avignon, se consacrèrent plus tard à la vie apostolique et moururent prématurément, victimes de leur dévoûment, dans les missions étrangères. Il en parlait avec attendrissement, car sa perfection n'ôtait rien à la sensibilité de son cœur doué d'une exquise délicatesse. S'entretenant un jour avec quelques-uns de ses jeunes confrères de son cher noviciat d'Avignon, ce souvenir du passé avait ému son cœur de père : « J'avais, dit-il avec le sentiment d'une affection profonde, j'avais de saints novices. Il y en avait dont l'obéissance était si grande que j'étais obligé de bien mesurer mes paroles, pour ne pas les exposer à faire des imprudences. Hélas ! une année il en mourut six : leur mort fut admirable. Il y en eut qui rendirent le dernier soupir en chantant. Lorsque j'écrivis au révérend père provincial pour annoncer la mort du dernier, je baignai ma lettre de larmes »

Le P. Renault dirigea le noviciat d'Avignon depuis le mois de juillet 1824, jusqu'à la catastrophe de 1830, et toujours avec le même succès. A cette époque désastreuse, il fut obligé de se séparer de son bien-aimé troupeau. Il fit partir les novices pour le Piémont, où ils furent placés dans le noviciat de Chieri, en attendant des jours plus calmes.

Pour lui, il continua de résider à Avignon avec quelques pères, occupé, aussi bien qu'eux, de l'exercice du saint ministère.

Malgré l'attachement et la considération dont il était environné au sein de la population avignonnaise, il ne put échapper entièrement à la persécution suscitée par la révolution de 1830, et dont se ressentirent plus ou moins tous les établissements religieux. Le P. Renault adora, dans ces événements, la main de Dieu et s'estima heureux de souffrir pour la justice. Une lettre du père général, écrite au mois de janvier 1831, fait allusion à cet état de crise, et contient, en même temps, des encouragements dont nous aimons à consigner ici l'expression.

« Votre bonne lettre du 7 (janvier) m'a fait grand plaisir. Quoiqu'elle ne contienne rien qui demande absolument réponse, je ne puis cependant ne pas prendre part à la consolation que vous éprouvez dans l'état de persécution où vous vous trouvez. Oui, mon père : *Beati!* Certes, s'il y a béatitude dans ce monde, elle est bien là : *Cum dixerint* OMNE MALUM *adversum vos,* MENTIENTES, PROPTER ME... *Cum exprobraverint et* EJECERINT NOMEN VESTRUM, *tanquam malum, propter Filium hominis.* On dirait vraiment que ce *nomen vestrum* ne soit si haï que parce que, dans ce nom, se trouve le nom adorable qui fait trembler l'enfer. Au reste, après l'*eritis odio omnibus hominibus propter nomen meum,* le Seigneur ajoute : *Et capillus de capite vestro non peribit.* Ne fallait-il pas s'attendre humainement à une conclusion toute différente ?... Pourtant c'est ainsi : *Confidite,* dit-il, *ego vici.* — Mais nous passerons par bien des épreuves ! — Puisque le Seigneur le permet ainsi, disons avec confiance : Tant mieux ! — O mon père, que vous êtes heureux de comprendre cela, non pas en spéculation, mais en pratique !

« Que le Seigneur daigne vous conserver cette grâce signalée, et qu'il la communique à tous nos amis et à nous tous ! car c'est le *donum perfectum*.

« Je suis bien plus court que je ne voudrais dans une matière si noble et si digne de notre vocation. Puissions-nous tous bien la comprendre cette vocation et la remplir fidèlement, au moins selon nos faibles forces !

« Adieu, mon bien bon père ; je vous embrasse de tout mon cœur, ainsi que le peu d'amis [1] que vous avez autour de vous. »

---

[1] C'est ainsi que, par prudence, le père général désigne les pères de la maison d'Avignon.

CHAPITRE XI

Le P. Renault provincial. — Réorganisation des résidences.

Au mois d'avril 1833, le P. Renault cessa d'être supérieur de la maison d'Avignon. Sa position, à dater de cette époque, fut profondément modifiée, et une carrière plus vaste s'ouvrit à sa capacité, à son zèle et à son dévoûment. Le révérend père général, Jean Roothaan, le choisit pour remplacer, dans le gouvernement de la province de France, le P. Julien Druilhet[1], qui, sur la demande du pape Grégoire XVI, devait se rendre à Prague avec le P. Étienne Deplace[2] pour remplir les honorables mais délicates fonctions de précepteur de S. A. R. le duc de Bordeaux.

Depuis la révolution de 1830, le P. Druilhet avait cessé de résider à Paris, trop agité par les factions politiques ; et, après quelques hésitations, il avait fini par se fixer à

---

[1] *Notices historiques sur quelques membres de la Société des Pères du Sacré-Cœur*, etc., t. II, p. 119.
[2] *Ibid.*, p. 265.

Lyon. Le P. Renault, à son exemple, établit sa résidence dans cette dernière ville, moins exposée et plus tranquille, et qui devint alors comme le chef-lieu de la province, en attendant que des circonstances plus favorables permissent de retourner dans la capitale.

Le nouveau provincial comprit toute l'importance de la charge que lui confiait son général à une époque si troublée, et il se montra bientôt à la hauteur de sa mission. Il connaissait d'ailleurs à fond l'Institut de saint Ignace qu'il avait étudié dans les Constitutions, et dans les Exercices spirituels du saint fondateur. Son application de tous les jours et de tous les instants fut d'en inspirer l'amour et la pratique. Il a laissé, dans sa correspondance avec les différentes maisons, des traces inaffaçables de l'esprit qui l'animait.

Les événements de juillet avaient, en quelque sorte, mutilé la province. Les maisons de noviciat et d'étude avaient été dissoutes; certaines résidences, qui attiraient davantage les regards, avaient été disloquées et morcelées; les maisons s'étaient, il est vrai, multipliées; mais la crainte d'exciter les susceptibilités d'un pouvoir ombrageux avait forcé de restreindre le nombre des religieux qui les habitaient. Plusieurs d'entre eux avaient même cherché et trouvé un refuge sous le toit de personnes amies, qui leur avaient donné une généreuse hospitalité. Cet état de choses, justifié par les circonstances, ne pouvait durer, et aurait fini par altérer l'esprit de communauté.

Au moment où le P. Renault prit en main le gouvernement de la province, le calme s'étant peu à peu rétabli, il en profita pour réparer les brèches que le malheur des temps avait pu faire à la discipline religieuse. Il supprima quelques résidences, et augmenta le nombre des ouvriers dans d'autres. Pour y parvenir, le P. Renault eut bien des obstacles à surmonter ; mais, par l'heureuse alliance de la douceur dans les formes et de la fermeté dans la conduite, il vint à bout d'en triompher. Deux ou trois lettres écrites par lui feront connaître, mieux que toutes nos paroles, avec quelle délicatesse et quelle douce et sage fermeté il procédait dans ces sortes d'affaires. Il s'agissait de retirer à une communauté un père qui la dirigeait et la gouvernait depuis plusieurs années. Le P. Renault, après avoir, sur la demande de l'évêque, accordé un délai de deux ans, avait enfin fixé un terme après lequel le père devait se rendre dans une des maisons de la Compagnie. Le délai expiré, les vicaires généraux demandèrent, au nom du prélat, un nouveau délai de deux ou trois ans; le P. Renault, ne croyant pas pouvoir, en conscience, accéder à cette requête, écrivit à l'évêque en ces termes :

« Monseigneur, dans ma lettre du 1ᵉʳ février de cette année (1836), j'ai exposé à Votre Grandeur les raisons de conscience qui demandaient que le P. *** rentrât enfin dans une maison de la Compagnie, à ***, par exemple, pour y remplir les vœux qu'il a faits, en remplissant les règles qui en déterminent la pratique, sous la direction d'un père de la Compagnie. Oserai-je prier Votre Grandeur de se faire remettre sous les yeux cette lettre, que je lui ai écrite de Lyon? Votre Grandeur sentit tout le poids de mes raisons, et elle jugea en effet qu'un religieux, quoique bon prêtre d'ailleurs, ne pouvait plus longtemps vivre hors de ces maisons qui sont pour lui son élément. Elle m'écrivit que le P.*** lui semblait encore nécessaire à ***, jusqu'à la fin du mois d'août, pour l'achèvement d'une construction qui se faisait à la communauté de *** ; mais que, cette construction faite, le P.*** était à ma disposition. Je remerciai Votre Grandeur, et je comptais sur sa promesse. Aussi, ma surprise a été grande, à la lecture de la lettre que MM. les vicaires généraux du diocèse m'ont fait l'honneur de m'écrire, le 10 juillet, pour me représenter, au nom de Votre Grandeur, que je l'obligerais beaucoup si je permettais au P.*** de diriger encore, au moins deux ou trois ans, le couvent des religieuses ***. Assurément, Monseigneur, je ferais tout pour Votre Grandeur, et je l'ai montré. Elle m'a demandé, en 1833, de lui laisser encore le P.*** ; je l'ai laissé. Je voudrais faire l'impossible ; mais je ne puis aller contre ma conscience, en prolongeant plus longtemps un état contre nature. Il faut bien que le père soit ce qu'il doit être. Ce n'est pas un refus de ma part, Monseigneur ; un refus suppose la possibilité d'accorder ; non, ce n'est pas moi qui refuse : c'est moi le suppliant, et à moi seul qu'il appartient de l'être. Je me jette aux pieds de Votre Grandeur, et la supplie, au nom de cette Compagnie qu'elle aime encore, je crois ; je la supplie de rendre le P.*** à la pratique de ses règles, à la vie religieuse. Placé à ***, il pourra, de là, se rendre à ***, toutes les fois que le demandera Votre Grandeur. »

En même temps que le P. Renault adressait cette lettre à l'évêque, il répondit, en ces termes, à MM. les vicaires généraux : « Après la promesse que m'avait faite Monseigneur, en réponse à ma lettre du 1ᵉʳ février, j'ai été, je ne puis vous le dissimuler, étrangement surpris et péniblement affecté, à la lecture de la lettre que vous m'avez fait l'honneur de m'écrire, le 10 juillet. Il m'est impossible d'accorder ce que vous demandez : ma conscience me le défend. Monseigneur vous communiquera, sans doute, la lettre que je lui écris. Me trompé-je, Messieurs, et serait-ce mal vous connaître, j'ose espérer que vous l'appuierez. Vous ne verrez pas seulement les religieuses de *** ; vous verrez aussi la Compagnie. On m'a dit que vous ne nous étiez pas contraires. Permettez-moi de le dire : cette circonstance va le faire voir. Je conserverai toujours le souvenir du service que vous nous rendrez, et j'aimerai à vous en témoigner, par des services réels, toute ma reconnaissance. »

A ces deux lettres il en joignit une troisième pour les religieuses elles-mêmes : « J'ai reçu, écrivit-il, la supplique que vous m'avez adressée, le 12 juillet, à l'effet d'obtenir que le P.*** demeure à votre maison, continuant de faire indéfiniment ce qu'il a fait jusqu'à présent. Il me serait assurément très-agréable de faire ce que vous me demandez avec tant d'instance ; mais d'abord le P. *** appartient à un Ordre auquel le soin des religieuses est absolument interdit, si ce n'est, en passant, aux Quatre-Temps, par exemple ; ensuite, le P.***, étant toujours près de vous, n'est jamais dans nos maisons, et, par conséquent, la pratique de ses règles, des règles même qui déterminent la pratique des vœux, lui est impossible. Les gens du monde peuvent ignorer qu'il est nécessaire à un religieux d'être habituellement dans une maison de son Ordre, sous peine de voir s'affaiblir et se perdre enfin l'esprit de sa vocation ; mais des religieuses peuvent-elles l'ignorer? Et, si elles le savent, comment donc osent-elles demander que je fasse durer cet état, qui est un état contraire à la vie religieuse, et croire que les bénédictions de Dieu pour elles y sont attachées, en sorte que si le P.*** s'en va, c'en est fait de leur pensionnat, de leur maison, de tout? Je ne pense pas ainsi, mes très-honorées sœurs ; je pense, au contraire, que Dieu ne bénira les ministères que nous exerçons qu'autant que nous nous tiendrons dans l'esprit de notre vocation et que nous observerons nos règles, en demeurant sous l'obéissance et la direction d'un supérieur de la Compagnie. Voulez-vous me permettre, mes chères sœurs, de vous donner un conseil? je vous le donnerai avec tout l'intérêt que vous m'inspirez en ce moment même, où il m'en coûte, plus que vous ne pensez, de ne pouvoir me rendre à vos désirs? Demandez à Monseigneur, vous-mêmes et de votre propre mouvement, un prêtre pour remplacer le P.*** ; le prêtre que vous donnera Monseigneur, recevez-le avec foi, comme venant de la main de Dieu. Ce prêtre sera pour vous, n'en doutez pas, l'homme de Dieu et le véritable Ananie ; loin de vous l'idée qu'il n'aurait pas tout ce qu'a le P.*** ; car, quand il serait vrai qu'il lui manquât quelque chose, Dieu, ayant égard à votre foi, à votre esprit de sacrifice, saurait bien y suppléer abondamment par sa grâce. Le P.***, rendu à la vie religieuse, vous reviendrait comme confesseur extraordinaire aux Quatre-Temps. Alors, oui, je crois que de grandes bénédictions seraient attachées à son ministère, parce qu'il serait dans l'ordre de sa vocation. Ces secours précieux, les voulez-vous, mes chères sœurs? Suivez le conseil que je vous donne; autrement, et en voulant tout avoir contre l'esprit de l'Institut, les règles, la volonté des supérieurs, je vous le dis, vous perdrez tout. »

CHAPITRE XII.

Rétablissement des noviciats et des maisons d'étude. — Visite des maisons de la province.

Après avoir réparé le mal que la révolution de 1830 avait fait aux résidences, le P. Renault jugea, avec raison, que les novices devaient être le premier objet de sa sollicitude. Nous avons dit que les maisons de noviciat avaient été fermées à la même époque. N'espérant pas pouvoir encore, sans inconvénient, les rétablir en France, il se concerta avec le provincial de Turin pour former un noviciat destiné à recevoir les novices français et savoisiens. On le plaça dans un ancien couvent de Chartreux, à Mélan, près Taninge, en Faucigny. La direction en fut confiée au P. de Villefort, et, au mois de septembre 1833, les jeunes Jésuites furent rappelés de Chieri, et réunis à Mélan. On y dirigea aussi, de France, quelques postulants dont la difficulté des circonstances n'arrêtait pas l'élan vers la Compagnie. Les Français ne restèrent cependant qu'un an à Mélan. Les temps, devenus de plus en plus calmes, permirent de réintégrer le noviciat à Avignon, où il avait laissé des souvenirs qui n'étaient pas effacés. Au mois d'octobre 1834, le père provincial le replaça dans cette ville et en confia la direction au P. Éloi Solente. A peu près dans le même temps, on adjoignit à la résidence de Saint-Acheul une maison de troisième probation, dont le P. Sébastien Fouillot fut nommé instructeur. Le père provincial lui associa, en qualité de ministre, le P. Xavier de Ravignan pour le seconder dans cette importante et difficile fonction.

La révolution de juillet avait aussi dispersé les étudiants en théologie. Les uns avaient été envoyés en Espagne, les autres en Suisse, d'autres, en plus petit nombre, à Rome. Le P. Renault crut que l'intérêt de la province demandait qu'ils fussent réunis, en France, dans un même cours, et sous une même direction.

Au moment de la suppression des colléges, en 1828, Mgr Maurice de Bonald, alors évêque du Puy et ensuite archevêque de Lyon et cardinal, avait sollicité avec instance et avait obtenu l'établissement d'une maison de missionnaires pour évangéliser les paroisses de son diocèse ; il l'avait placée dans le voisinage de sa ville épiscopale, au village de Vals, situé au milieu des montagnes, au sein de populations religieuses. Cette maison parut au P. Renault un asile préparé, par la Providence, pour réunir, sous la protection d'un prélat dévoué à la Compagnie de Jésus, les élèves de théologie français, dispersés dans les provinces étrangères. Ils y furent donc installés au mois de septembre 1833, et, au mois d'octobre suivant, les cours s'ouvrirent sous la direction du P. Clément Boulanger, aujourd'hui recteur de la maison de Saint-Michel, à Laval. Les espérances du P. Renault ne furent pas trompées. La maison de Vals, bénie de Dieu, prit de merveilleux accroissements. Les études sérieuses y furent cultivées avec zèle et avec succès, et, sous la conduite de théologiens éclairés, on vit se former là des élèves qui devinrent, à leur tour, des professeurs habiles de théologie et de philosophie. Plus tard, lorsque le vent de la persécution souffla sur les provinces voisines, et força les Jésuites, qui les habitaient, de s'expatrier, la maison de Vals s'estima heureuse de leur rendre l'hospitalité qu'ils avaient charitablement donnée en d'autres temps.

Tout en reconstituant ainsi la Compagnie en France, le P. Renault avait commencé la visite des maisons. Nous ne dirons pas ici tout ce que le zèle lui inspira pour le parfait accomplissement de ce devoir, le plus important de l'office du provincial : exhortations publiques, entretiens particuliers, lectures des règles, direction donnée aux supérieurs et aux pères spirituels, avertissements sur les défauts à corriger, sur les abus à réformer ; rien ne fut épargné. Il insistait particulièrement sur la nécessité de laisser aux ouvriers de la Compagnie le temps nécessaire pour prendre quelque repos après leurs missions, et se préparer par l'étude et la prière à de nouveaux travaux. Il revenait encore souvent sur ce point, dans sa correspondance avec les supérieurs.

La visite qu'il fit au collége du Passage, près Saint-Sébastien[1], mérite une mention toute spéciale. Il y rédigea une ordonnance, pleine de sagesse, sur l'enseignement, qu'il s'efforça de rapprocher, autant que les circonstances le

---

[1] *Notices historiques sur quelques membres de la Société du Sacré-Cœur, etc.*, t. II, p. 267.

permettaient, de la méthode prescrite dans le *Ratio studiorum*. Il publia aussi divers règlements sur la tenue du pensionnat, sur la discipline intérieure, sur les rapports des pères avec les élèves. Le Passage est peu éloigné du sanctuaire de Loyola; le P. Renault se serait reproché de ne pas profiter d'une occasion aussi favorable pour satisfaire sa dévotion envers le saint fondateur. Il fit ce voyage en vrai pèlerin, marchant à pied, toujours occupé de Dieu, et en silence. Il n'a pas révélé les élans de son âme dans ce célèbre sanctuaire ; mais, pour laisser un monument de sa piété reconnaissante, il déposa, au nom de sa province, entre les mains des pères espagnols qui desservaient le sanctuaire, un capital suffisant pour entretenir une lampe allumée devant l'autel de saint Ignace.

CHAPITRE XIII.

Fondation du collége de Brugelette.

Peu de mois après la visite du collége du Passage, le père provincial apprenait la suppression de cette maison. En annonçant la fatale nouvelle au révérend père général, il écrivait, le 21 juillet 1834, à sa paternité : « J'apprends, à peine arrivé à Lyon, que le collége du Passage est dissous.... Nous n'avons donc plus de collége nulle part ! Humilions-nous et adorons. Pourrons-nous trouver un autre coin de terre, où nous soyons encore comme au Passage ? Si c'est contraire à l'Institut, tout est dit. Je ne le demande point, non certes, par un certain esprit de province, mais afin de pouvoir répondre aux instances de tant de familles ; je le demande, pour être en état de former nos scolastiques. »

Dieu exauça les vœux de son serviteur.

Il est peu de contrées, en France, où la Compagnie comptât et compte encore plus d'amis dévoués que dans le voisinage de la Belgique. Depuis la suppression des petits séminaires, en vertu des fatales ordonnances du 16 juin 1828, ils s'affligeaient profondément de ne plus

trouver d'établissements dirigés par les pères français et
où leurs enfants pussent puiser l'éducation de la Compagnie de Jésus. Le gouvernement anticatholique du roi
de Hollande, Guillaume de Nassau, ayant été renversé
pour faire place à un état de choses qui rendait la liberté
à la religion et à l'enseignement, ces généreux amis laissèrent d'abord au nouvel ordre de choses le temps de se
consolider ; mais, dès qu'ils le virent suffisamment affermi, ils conçurent le projet d'obtenir, sur les frontières
de la Belgique, un asile pour l'éducation de la jeunesse
française. Ils proposèrent d'abord leurs vues au révérend père général, Jean Roothaan. Leur demande fut favorablement accueillie à Rome, et, le 13 mai 1834, quelque temps seulement avant la suppression du collége du
Passage, le père général, prenant en considération la requête de nos amis, désigna au P. Renault M. Defontaine,
notaire à Lille, pour traiter avec lui cette importante et délicate affaire. Le P. Renault était alors à Lyon. Ne pouvant
se rendre dans le nord de la France avant le mois de septembre au plus tôt, il adressa, par lettres, un certain
nombre de questions au mandataire indiqué par le père général, afin de savoir, au moins à peu près, à quoi s'en tenir
et prendre d'avance ses dispositions en conséquence, si le
projet avait quelques chances de succès. Il ajoutait, en
terminant : « Voilà bien des questions, Monsieur ; elles
vous prouvent, du moins, le vif désir que nous avons de
voir s'aplanir toutes les difficultés, et de conduire à une
heureuse fin un projet dont l'exécution serait si avantageuse. Le père général désire que l'établissement ait lieu,
tout en prévoyant des obstacles ; le père provincial ne le

désire pas moins vivement, et ne négligera rien de ce qui dépendra de lui pour seconder les vœux si honorables pour nous des bons pères de famille de Lille. »

De grandes difficultés semblaient, en effet, devoir paralyser la bonne volonté de nos amis. Il s'agissait de former un établissement pour des Français, dirigé par des Français, et, contrairement aux usages ordinaires de la Compagnie, dans une province étrangère à la France. Il fallait obtenir le concours du père provincial de Belgique et de l'évêque diocésain ; il fallait s'assurer que l'on n'éprouverait pas d'opposition de la part du gouvernement allié de la France, et ménager les susceptibités des établissements nationaux formés par le clergé. Le P. Renault ne se laissa point effrayer par ces obstacles, et, à force de prudence et d'énergie, il finit par en triompher.

Au mois d'octobre, il se rendit à Lille, de là à Valenciennes, pour s'entendre préalablement avec les amis qui avaient entamé cette affaire et ensuite avec le père provincial de Belgique. Celui-ci accueillit le projet avec une grande bienveillance, promit de le favoriser de tout son pouvoir et de chercher lui-même un local convenable. Nos amis, de leur côté, et surtout le vénérable M. Dubois-Fournier, de Valenciennes, ne restèrent pas inactifs. On hésita, pendant quelque temps, sur le choix du lieu auquel il conviendait de se fixer : on songea à Tournai, à Binche, à Chimay, à Cambron, à Enghien ; mais ces différentes localités offraient des inconvénients de plus d'un genre. Enfin, grâce aux démarches actives de l'infatigable M. Dubois-Fournier, on découvrit, dans le village de Brugelette, situé entre les villes de Mons et d'Ath, diocèse de

Tournai, un ancien couvent, habité seulement par quelques femmes aliénées. Ce lieu agréable, placé dans le voisinage de la France, sembla réunir toutes les convenances, et M. Dubois s'en assura la propriété au prix de 72,000 fr. Cette somme, aussi bien que celle qui était nécessaire pour les frais de premier établissement, devait être fournie par une société d'actionnaires, tant belges que français, à qui leurs fonds rapporteraient 4 pour cent. Les conditions imposées, tant à la Compagnie qu'aux bailleurs de fonds, étaient toutes à l'avantage de la première, et attestaient la délicatesse et la générosité des bienfaiteurs.

Plusieurs motifs avaient déterminé le choix du père provincial en faveur de la maison de Brugelette [1].

Il les expose lui-même avec beaucoup de netteté, dans

---

[1] Le village de Brugelette, peuplé de 1,400 habitants, est situé dans un des plus beaux cantons du Hainaut, sur les bords de la Dendre, à seize kilomètres de Mons et à quatre d'Ath, et presque sur la route qui met ces deux villes en communication. Les environs offraient tous les agréments désirables pour une maison d'éducation.

A la distance d'un kilomètre, se trouvent trois parcs magnifiques unis entre eux par des bois ou des avenues; d'abord celui de Bauffe, propriété du baron de Sécus, qui s'est toujours montré le protecteur et le bienfaiteur généreux du collége; celui d'Atre, où l'art et la nature rappellent les beautés de la Suisse; puis celui de Cambron, faisant autrefois partie de la fameuse abbaye de ce nom, et célèbre par son haras de chevaux de luxe souvent vainqueurs dans les courses publiques.

A dix kilomètres est situé, dans le village de Belœuil, le magnifique château et le parc du prince de Ligne chanté par Delille. Ce prince n'avait pas oublié qu'il avait été élevé à Saint-Acheul. Il vit avec plaisir ses anciens maîtres fixés dans son voisinage.

A huit kilomètres de Brugelette, au village de Tongres, on honorait depuis le XIe siècle une statue miraculeuse de la Sainte-

4.

une lettre adressée à Mgr l'évêque de Tournai, le 22 février 1835 : « Je ne sais, dit-il, si Votre Grandeur se rap-

Vierge. La statue placée dans une belle et vaste église était l'objet d'un pèlerinage renommé dans toute la contrée.

Le village même de Brugelette jouissait autrefois d'une véritable célébrité, quand on y venait admirer le palais des comtes de Mérode, palais qui n'avait point d'égal dans le pays, comme l'attestent encore ses ruines, et dont l'étendue était immense. En 1815, ayant été occupé par les troupes alliées qui combattaient contre la France, il devint la proie des flammes, et il n'en reste plus que des débris. Les habitants du pays se distinguent par leur habileté dans l'agriculture, et l'exploitation de diverses industries ; mais ce qui plaît surtout au cœur chrétien, c'est leur attachement à la foi de leurs aïeux, la douceur et la simplicité de leurs mœurs. Les enfants ont conservé la louable habitude, qu'on retrouve, d'ailleurs, dans presque toute la Belgique, de se mettre à genoux, dès qu'ils aperçoivent une soutane, et de demander la bénédiction.

L'ancien couvent, devenu le collége, est placé entre le village de Brugelette et la route de Mons à Ath dont nous avons parlé. C'était, dans l'origine, une petite maison à côté de laquelle s'élevait une église ; cette maison était destinée à recevoir, dans leurs maladies, les pèlerins de Tongres. Elle avait été bâtie au plus tard dès le XIIIe siècle, par les ancêtres des comtes de Mérode, comme l'indiquent les armoiries qu'on voit sur le grand autel et dans le cloître. Cette fondation était due à une pieuse demoiselle, nommé de Jauche, dont le père, Xavier de Jauche, bourgmestre de Martainge, combattait dans la Terre-Sainte, sous l'étendard de la croix. Sa fille cependant, se vouant à la virginité et, pour vivre, se contentant du travail de ses mains, employait ses richesses à construire des asiles pour les pauvres de Jésus-Christ. Une pierre sépulcrale sous laquelle on pense que repose sa dépouille mortelle, et qui est dans l'église du collége, porte qu'elle a fait bâtir quatre monastères.

Cette maison et son enceinte furent ensuite agrandies et habitées par des religieuses Franciscaines, jusqu'à la fin du siècle dernier. L'église, peu de temps avant l'arrivée des Franciscaines, avait été rebâtie dans le style ionique et offre un gracieux coup d'œil. Pendant les fureurs de la première révolution, les religieuses furent chassées de leur couvent, et l'État vendit la propriété comme bien

pellera les motifs qui m'ont porté à former, de préférence, un établissement à la campagne. C'était : 1° parce que cela entrait mieux dans les vues des familles qui s'offraient de faire les frais de l'établissement ; 2° pour n'avoir rien à démêler avec une régence (municipalité), qu'il est facile de prévenir contre nous, surtout *contre nous étrangers ;* 3° pour nous placer hors de toute concurrence, et par là ne faire tort à personne, n'exciter aucune envie, ne causer aucun ombrage ; 4° pour nous mettre dans le cas de ne point recevoir d'externes, ni même de pensionnaires belges, autant que possible, afin qu'il ne fût nullement question de politique entre les élèves : ce qui ne pourrait man-

national. Elle fut achetée par une pieuse demoiselle nommée Carnois, qui y fixa sa demeure et en fit, comme nous l'avons dit, une maison de santé pour les femmes aliénées.

La maison, au moment où elle fut achetée par les actionnaires du futur collége, se composait de quatre édifices formant un carré. L'église était placée le long de la voie publique et formait un des côtés avec une partie de bâtiments qui tenait lieu de portail et que l'on réserva ensuite pour les retraitants. Les habitants de la maison entraient par là dans l'église, et les personnes du dehors, par une seconde porte latérale donnant sur la rue.

D'après l'usage du pays, la maison était bâtie en briques dans toute son étendue, et elle n'avait qu'un étage à cause de la violence des vents. Un vaste enclos environné de murs, était partagé en cinq parties distinctes ; trois étaient destinées à la culture des légumes, la quatrième était une terre labourable et la cinquième une prairie. Un ruisseau, qui se dessèche en été, sépare deux de ces cinq parties.

Ces dispositions ont été modifiées selon que l'exigeaient les besoins du collége. Les bâtiments ont été successivement augmentés à mesure que le nombre croissant des élèves en fit sentir la nécessité, et le collége, avant même que d'être complété, pouvait recevoir environ de 300 pensionnaires.

quer d'arriver, malgré toute la vigilance des maîtres, avec un mélange d'élèves belges et d'élèves français; fautes graves, dont nous serions innocents et qui pourtant retomberaient sur nous; 5° pour isoler entièrement notre établissement des établissements de nos pères belges, et séparer, au vu et au su de tout le monde, notre cause de leur cause, afin que, si nous sommes persécutés et détruits, nous le soyons seuls. »

Malgré la sagesse de ces motifs, une furieuse tempête s'éleva au moment même où l'on croyait les difficultés aplanies, et elle faillit renverser toutes les espérances. Le père général lui-même, renseigné d'une manière incomplète, sembla improuver le choix de la position à laquelle on s'était arrêté, et les embarras parurent si graves au révérend père provincial, qu'il fut un moment question de résilier le contrat d'acquisition, moyennant une indemnité dont il serait tenu compte au vendeur. M. Dubois fut prié de vouloir bien se charger de cette négociation. Mais cet homme de bien, dont l'invincible fermeté ne connaissait pas d'obstacles insurmontables, ne perdit point courage. Il s'adressa directement au père général, pour lui expliquer en détail l'état des choses. De son côté, le père provincial donna à son supérieur un exposé historique de tout ce qui s'était passé dès l'origine jusqu'à l'époque présente. Le révérend père général, éclairé par ces explications et par celles qu'il avait reçues de M. Dubois, répondit, le 7 février, de manière à faire cesser toute hésitation : « J'ai reçu, dit-il, votre lettre du 23 janvier, *explicative* sur l'affaire de Brugelette. Voici ma réponse : *Allez*, avec ces précautions sur lesquelles vous convenez parfaitement avec nous. » Le père général ajoutait : « L'idée d'une résiliation est inadmissible, sauf que vous vous y vissiez forcé par des circonstances nouvelles, et postérieures aux difficultés dont je vous ai parlé le 3 janvier. »

Aucune nouvelle circonstance, postérieure à celles dont il est ici question, ne s'étant présentée, le père provincial se mit en mesure de faire exécuter, dans la maison de Brugelette, les appropriations qu'exigeait sa nouvelle destination, et, au commencement du mois d'avril, les PP. Alexandre Pourcelet et Ferdinand Brumauld, ainsi que le frère Chalencon, partirent pour la Belgique chargés de préparer le futur collége. Ils arrivèrent à Brugelette le quatrième dimanche de carême, et ils furent accueillis avec joie par les autorités civile et ecclésiastique. Les paroles de l'Introït de la messe, qu'ils célébrèrent pour la première fois dans la chapelle du couvent, étaient tirées du LXVIe chapitre d'Isaïe, et du psaume CXXI : *Lætare, Jerusalem, et conventum facite omnes qui diligitis eam; gaudete, qui in tristitiâ fuistis, ut exultetis et satiemini ab uberibus consolationis vestræ*[1]. *Lætatus sum in his quæ dicta sunt mihi, in domum Domini ibimus*[2].

Ces paroles, si bien adaptées à leur mission, frappèrent vivement les pères. N'était-ce pas la peinture et de la douleur causée précédemment par la suppression de tant d'établis-

---

[1] Réjouis-toi, Jérusalem, et rassemblez-vous, vous tous qui l'aimez. Réjouissez-vous, vous qui avez été dans la tristesse ; tressaillez d'allégresse, et soyez rassasiés de consolations.

[2] Je me suis réjoui dans cette parole qui m'a été dite : Nous irons dans la maison du Seigneur.

sements florissants, et de la joie que faisait naître leur résurrection dans celui de Brugelette? N'était-ce pas comme un présage des consolations dont cette maison allait devenir la source, et pour nos deux pères un puissant encouragement? Aussi se mirent-ils à l'œuvre sans retard. En même temps qu'ils disposaient le local, un mobilier complet de collége : ornements d'église, bibliothèque, cabinet de physique, tables, linge, etc., arrivait de Saint-Acheul et du Passage. Enfin, tout étant préparé, l'ouverture des classes eut lieu le 29 octobre, par la messe du Saint-Esprit et par un discours prononcé par le P. Lartigue, professeur de rhétorique. Ce fut un spectacle touchant de voir et ces vertueux parents, qui venaient de si loin chercher pour leurs enfants une éducation chrétienne, et ces enfants, se condamnant à un exil volontaire et demandant un asile à la religion, et ces vieux murs d'un ancien couvent, rendus à la piété et aux lettres, et ce collége enfin dans lequel semblaient revivre ceux que la jalousie, unie à l'impiété, avait si brutalement fermés.

Le collége ouvert, les élèves y accoururent de tous les départements de la France, et leur nombre s'éleva, en peu de temps, jusqu'au chiffre de trois cents.

La réputation justement méritée dont a joui cette maison pendant les dix-neuf années de son existence[1], la reconnaissance due aux bienfaiteurs qui ont coopéré à son éta-

---

[1] La loi du 15 mars 1850, ayant proclamé la liberté de l'enseignement en France, le collége de Brugelette avait perdu sa raison d'être. Il fut donc supprimé au mois d'août 1854. Les bâtiments sont occupés aujourd'hui par des religieuses de l'Enfant-Jésus, qui y dirigent un orphelinat nombreux.

blissement et à son développement, le grand nombre de jeunes gens de toutes les classes de la société qui y ont été formés à la vertu et aux sciences, ne nous permettaient pas de passer légèrement sur une fondation qui a été un des actes les plus remarquables de l'administration provinciale du P. Renault.

CHAPITRE XIV.

Circulaire du P. Renault sur la condamnation du livre de M. de La Mennais : Paroles d'un Croyant.

Le 7 des calendes de juillet (25 juin) 1834, N. S. P. le pape Grégoire XVI avait publié une Encyclique portant condamnation du livre de l'abbé de La Mennais : *Paroles d'un croyant*, et de son système philosophique. Cette Encyclique offrit au P. Renault l'occasion d'anéantir, dans la Compagnie de Jésus, jusqu'au dernier germe des opinions du trop célèbre écrivain : il ne la laissa pas échapper. On sait, en effet, que dans la Société un certain nombre d'esprits, parmi les jeunes gens surtout, séduits par la magie d'un style brillant et par les sophismes de l'auteur, avaient adopté ses idées, et s'étaient faits les patrons des opinions nouvelles. Déjà, dans une circulaire du 4 octobre 1823, le révérend père général, Louis Fortis, avait mis en garde les religieux de son Ordre contre *la doctrine du sens commun*, ainsi que l'appelaient les adeptes. Il l'avait réduite à sept propositions qu'il défendait d'enseigner dans les classes de la Compagnie¹ ; mais il déclarait, en même temps, que son intention n'était nullement de censurer aucune de ces propositions (ce qui n'était pas de son ressort) ni de porter atteinte à la réputation de vertu et de piété dont jouissaient ceux qui les enseignaient. Son but unique était de conserver, parmi les siens, l'uniformité de doctrine, et de maintenir l'enseignement de la philosophie, tel qu'il avait existé jusqu'alors dans tous les siècles catholiques, selon les principes de saint Thomas et de saint Augustin. Le révérend père général recommandait même d'éloigner des chaires de philosophie les professeurs qui ne se conformeraient pas aux prescriptions contenues dans sa lettre. Ces sages mesures avaient arrêté le progrès de l'erreur. Mais quelques religieux n'en étaient pas moins restés attachés aux doctrines qu'ils ne pouvaient plus enseigner. Le P. Renault jugea le moment favorable pour faire cesser toute divergence d'opinions. Après s'être préa-

---

¹ Voici les sept propositions qui sont signalées dans la circulaire :

I. Il n'y a d'autre *criterium* de la vérité que le consentement général.

II. La foi seule produit la certitude.

III. L'existence de Dieu est la première vérité que l'on connaît certainement.

IV. De l'existence de l'être contingent, on ne peut légitimement conclure l'existence de l'être nécessaire, c'est-à-dire de Dieu, ou, en d'autres termes, ce raisonnement : *J'existe ; donc Dieu existe*, est faux.

V. L'intelligence finie, par cela seul qu'elle est finie, est toujours et en tout sujette à l'erreur.

VI. Dans les écoles chrétiennes ont prévalu de faux systèmes, qui conduisent à l'athéisme et à la ruine de la religion.

VII. L'homme, sans le consentement général, ne peut être certain ni de son existence, ni de sa pensée.

lablement concerté avec le révérend père général, il publia, dans le mois d'octobre, la circulaire suivante, qu'il adressa à tous les supérieurs de la province :

« Vous connaissez, sans doute, la dernière Encyclique qui condamne les *Paroles d'un Croyant*, et un nouveau système de philosophie. Les évêques la publient dans des lettres pastorales, où ils font ressortir la fausseté et le danger des nouvelles doctrines. Un grand nombre des plus zélés partisans de ces systèmes se sont rétractés. Ceux des Nôtres qu'on sait les avoir partagés doivent aussi se déclarer maintenant. Ce qui pouvait être toléré avant que le Saint-Siége eut parlé, ne peut plus l'être : la dernière Encyclique a condamné bien évidemment le système de philosophie, qui était comme la base de toutes ces doctrines; et le Saint-Père ne l'a pas seulement condamné, à cause de l'application qui en a été faite ; mais encore, en termes exprès, parce qu'il est en lui-même un système qui induit en erreur, et qui, conséquemment, *doit être tout à fait improuvé : Nos hic loqui etiam de fallaci illo haud ita pridem invecto philosophiæ systemate plane improbando.* J'espère que nous voilà arrivés au moment où nous n'aurons plus, sur ce point, comme en tout le reste, qu'*un même sentiment, et que nous l'exprimerons tous de la même manière.* C'est pour s'en assurer davantage, et nous faire goûter, plus parfaitement, le bonheur de cette unité, que notre révérend père général demande que ceux qui ont plus ou moins adopté ces systèmes, disent aujourd'hui ce qu'ils en pensent d'une manière nette et précise. Vous voudrez donc bien demander aux pères de votre maison, qui seraient dans ce cas, une déclaration qu'ils signeront :

vous me la remettrez à la visite, cette année ; et, si la visite de votre maison était faite, vous me l'enverrez par une occasion à la maison de Lyon, où je la trouverai à mon retour. J'enverrai à Rome ces déclarations, qui ne seront sans doute que l'expression de la soumission la plus entière à la décision du Saint-Siége : elles consoleront la Compagnie, et les premiers supérieurs, dont la prévoyante sagesse nous a retenus, nous rappelant aux vrais principes, et nous disant, comme l'Apôtre à son disciple : *O Timothee ! depositum custodi, devitans profanas vocum novitates, et oppositiones falsi nominis scientiæ, quam quidam promittentes... exciderunt*[1]. Que des soins si particuliers de la Providence, dans ce temps de vertige et d'erreurs, demandent de notre part de reconnaissance et d'amour ! »

[1] O Timothée, gardez le dépôt qui vous a été confié, fuyant les profanes nouveautés de paroles, et les objections d'une prétendue et fausse science : car ceux qui l'ont professée, se sont égarés (I Tim. VI, 20).

CHAPITRE XV.

Congrégation des Sœurs de Saint-Régis ou de Notre-Dame au Cénacle. — Mission du Maduré.

C'est à peu près à cette époque que nous devons rapporter la part que le P. Renault a prise à l'établissement d'une congrégation religieuse, connue d'abord sous le nom de Sœurs de Saint-Régis et ensuite sous celui de Notre-Dame de la Retraite ou de Notre-Dame au Cénacle [1].

A la fin de l'année 1834, M. Therme, missionnaire du diocèse de Viviers, avait conçu la pensée de former cette congrégation dans le but d'offrir un asile aux personnes

---

[1] La congrégation des *Sœurs de Saint-Régis* fut autorisée, en 1836, par l'évêque diocésain, Mgr Bonnel, évêque de Viviers; mais c'est à son successeur immédiat, Mgr Guibert, aujourd'hui archevêque de Tours, qu'elle a dû, en 1844, l'approbation de ses constitutions et de ses règles, sous le nom de *Congrégation de Notre-Dame de la Retraite*, ou de *Notre-Dame au Cénacle*.

Son objet spécial est l'instruction religieuse des femmes de toutes conditions. Elle tend à ce but par le moyen des retraites, son œuvre principale, et par celui des catéchismes qui se font dans ses maisons, individuellement ou en commun, à toutes les personnes adultes qui y viennent dans cette intention.

Parmi les œuvres de la Congrégation, on peut désigner, à Paris, l'*Association des Institutrices*, et celle de l'*Immaculée-Conception;* cette dernière est destinée à offrir aux jeunes personnes, employées

qui désiraient passer quelques jours en retraite auprès du tombeau de l'apôtre des Cévennes, saint Jean-François Régis. Lorsque, frappé dans la force de l'âge par une mort inattendue, le vertueux fondateur laissa ses filles orphelines, il les confia, par une disposition testamentaire, aux soins et à la sollicitude du R. P. Renault. Peu de temps après, au printemps de 1835, celui-ci vint à la Louvesc, s'informa avec intérêt et avec bonté des besoins et de la situation présente de l'œuvre; et, la trouvant encore indéterminée dans sa forme, partagée et hésitante entre l'éducation et les retraites, il régla, de concert avec les premières sœurs, qu'on se bornerait à l'étude et à l'application des Exercices de saint Ignace. Il traça donc à la supérieure la ligne de conduite qu'elle devait tenir désormais, et lui promit qu'un père de la Compagnie serait désigné pour l'aider de ses conseils. Il ajouta qu'il avait d'abord résolu de décliner la responsabilité dont le chargeaient les dernières dispositions de M. Therme; mais que, portant devant Dieu cette préoccupation, il avait entendu une voix intérieure qui lui répétait : « Prends cet enfant qui est sur la paille. » Poussé alors par une force irrésistible, il accepta l'œuvre naissante, et la prit sous sa protection. Aussi,

dans le commerce, un soutien, au milieu des dangers qui les environnent.

A Lyon, elle est chargée de la congrégation des jeunes ouvrières de Notre-Dame de Fourvières.

La congrégation de Notre-Dame de la Retraite, compte jusqu'à ce moment quatre maisons, toutes soumises à la même supérieure générale; une à la Louvesc, près du tombeau de saint Régis, berceau de l'Institut; une seconde à Tournon, sur le Rhône; la troisième à Lyon. La quatrième a été établie, en 1850, à Paris, rue du Regard, 15, où réside la supérieure générale.

pendant tout le temps qu'il séjournait à la Louvesc, pour sa visite provinciale, il prenait la peine de visiter les sœurs, et travaillait à leur formation religieuse. Puis, afin de combler les lacunes qu'auraient laissées ses longues absences, un père était chargé, ainsi qu'il était convenu, de s'occuper spécialement de la communauté. Dès lors, les relations devinrent plus rares; mais quand, plus tard, elle eut à traverser de très-rudes épreuves, comme il arrive à toutes les œuvres de Dieu, le P. Renault lui donna de nouveaux témoignages de son dévoûment. Il la fortifia, la soutint, la défendit par ses avis et sa direction si ferme et si sage. A dater de ce moment, il n'y eut plus d'interruption dans ses rapports avec cette congrégation, dont le siége fut transféré à Paris, et dans les soins qu'il lui prodigua. Au mois d'octobre 1856, ayant été nommé, ainsi que nous le verrons plus loin, père spirituel à l'école libre de l'Immaculée-Conception, il redoubla ses témoignages de sollicitude toute paternelle, travaillant au bien général de la communauté et à l'avancement de chaque âme en particulier. Il s'appliqua surtout à former les novices et à leur inspirer cette rectitude de jugement et cette générosité de cœur qui le caractérisait lui-même. Aussi a-t-il laissé, dans cette famille religieuse, un souvenir béni et des sentiments de reconnaissance proportionnés aux services qu'il lui a rendus.

Nous devons encore mentionner ici une œuvre d'une haute importance : je veux parler de la mission du Maduré qui s'ouvrit sous le provincialat du P. Renault.

Le souvenir des successeurs de saint François Xavier, entretenu par les respectables prêtres du séminaire des

missions étrangères, et, en particulier, par le vénérable
M. Dubois[1], s'était conservé dans ces contrées, et les fidèles
exposés au schisme, à l'apostasie et à la corruption, désiraient ardemment revoir au milieu d'eux leurs anciens
apôtres. Mgr l'évêque d'Halicarnasse, vicaire apostolique
de Pondichéry, cédant à ces vœux, s'adressa au Saint-
Siége pour obtenir le secours de la Compagnie. Le Sou-
verain-Pontife transmit cette demande au révérend père
général, et celui-ci en écrivit au P. Renault. Le père
provincial, heureux de contribuer à une œuvre aussi éminemment apostolique, désigna quelques ouvriers qu'il
destina à cette laborieuse mission. Les préparatifs de
l'expédition traînèrent en longueur. Il s'agissait de nommer vicaire apostolique du Maduré, le supérieur de la mission. Mais le révérend père général crut devoir, pour le
moment, décliner cet honneur, et désira que les religieux

[1] Jean-Antoine Dubois, supérieur pendant trois ans du séminaire
des missions étrangères à Paris, où il est mort, le 17 février 1848, à
l'âge de quatre-vingt-trois ans. Il est auteur d'un ouvrage très-
estimé sur les mœurs, les institutions et les cérémonies de l'Inde
(Paris, 1825, imp. roy., 2 vol. in-8). M. Dubois avait vécu avec
plusieurs des anciens Jésuites qui continuèrent à travailler au salut
des chrétiens du Maduré, même après la suppression de leur Ordre,
et il conservait pour leurs vertus une vénération qu'il manifestait
hautement, toutes les fois que l'occasion s'en présentait. Il témoigna le plus vif intérêt aux pères que la Compagnie destinait à
cette pénible mission et se mit à leur disposition avec un dévoûment et une complaisance à toute épreuve. Il leur transmit
les résultats de son expérience, soit pour le temps de la traversée,
soit pour les précautions hygiéniques qu'exigeait la nature du
climat.

Malheureusement les premiers pères, n'écoutant que leur zèle,
négligèrent ces précautions, et un bon nombre d'entre eux périrent
emportés par une mort prématurée.

de la Compagnie travaillassent sous la juridiction de Mgr d'Halicarnasse. Les négociations, qui eurent lieu à ce sujet, retardèrent le départ des missionnaires, et ce fut seulement le 4 ou le 5 juillet 1837, que les PP. Joseph Bertrand[1], Louis Garnier[2], Alexandre Martin[3] et Louis du Ranquet, s'embarquèrent à Bordeaux pour Pondichéry. D'autres missionnaires les suivirent. Un grand nombre d'entre eux, dévorés par le climat, payèrent de leur vie leur héroïque dévoûment. Mais enfin, au milieu de mille difficultés, d'épreuves sans nombre suscitées par le schisme et l'hérésie, au prix de travaux surhumains, on vit refleurir cette belle mission. Aujourd'hui (janvier 1864), quarante-sept prêtres de la Compagnie, dont un vicaire apostolique, Mgr Alexis Canoz, évêque *in partibus* de Tamas, sept scolastiques, et dix frères coadjuteurs cultivent, avec un zèle infatigable, cette vigne féconde en fruits de salut.

[1] Joseph Bertrand, aujourd'hui père spirituel de la maison de Paris, rue de Sèvres, 35.

[2] Louis Garnier, né le 12 février 1805, entré dans la Compagnie de Jésus, le 17 octobre 1825, mort missionnaire au Maduré, le 5 juillet 1843.

[3] Alexandre Martin, né le 15 décembre 1799, entré dans la Compagnie, le 26 octobre 1819, mort en odeur de sainteté dans la mission du Maduré, le 30 mai 1840.

[4] Louis du Ranquet, né le 1er août 1806, entré dans la Compagnie le 2 décembre 1827, mort missionnaire au Maduré, le 8 novembre 1843.

CHAPITRE XVI.

Diverses mesures prescrites par le P. Renault.—Entrevue avec M. Thiers, ministre de l'intérieur.

Au milieu de ces continuelles occupations, le P. Renault ne perdait pas de vue les mesures qui pouvaient assurer le bon gouvernement des maisons. Dans ce but, il publia un certain nombre de règlements, pour établir le bon ordre dans la comptabilité et l'uniformité dans le traitement des religieux au réfectoire ; il fixa également les livres qui devaient composer l'*archivium* de chaque maison ; toutefois, l'instruction qui déterminait l'usage de ces livres ne fut promulguée qu'après la division de la province, dont nous parlerons bientôt. Mais auparavant, nous devons raconter une circonstance de l'administration du P. Renault, trop importante pour être passée sous silence.

Il s'agit d'une audience que ce père demanda et obtint de M. Thiers, alors ministre de l'intérieur ; elle eut lieu le 3 août 1835. Le P. Renault se proposait, dans cette entrevue, de s'expliquer, vis-à-vis du ministre, sur l'attitude que la Compagnie devait prendre à l'égard du gouvernement, et de dissiper ou du moins d'atténuer, s'il était possible, bien des préjugés dont était imbu l'esprit de cet homme d'État. Nous avons su, d'une source certaine, que le P. Renault parut, à son interlocuteur, plein de dignité, de franchise, de fermeté et de prudence; celui-ci le trouva distingué dans ses manières; son langage lui parut franc et ferme, sans exclure la finesse. En effet, chacune des paroles du père portait le cachet des qualités que le ministre avait reconnues en lui. Tout d'abord, le P. Renault déclina ses noms et son titre : « Je suis Jésuite, dit-il, et provincial des Jésuites en France ; nous possédons les établissements dont voici la désignation et l'importance. » Et il remit au ministre un état complet de ces établissements, dont plusieurs ne lui étaient pas connus; il en fit lui-même la remarque: « Je pourrais vous dire, monsieur le ministre, ajouta le P. Renault, que je suis prêtre français, et, qu'à ce titre, j'ai tous les droits de citoyen français, et notamment celui d'avoir tous les établissements dont je vous remets l'état. J'aime mieux vous déclarer, sans ambages, toute la vérité, et vous demander si nous pouvons compter que nous ne serons pas inquiétés. » La réponse fut qu'il n'y avait aucune plainte contre les Jésuites, qu'il n'avait nulle intention de les inquiéter, tant qu'il ne serait rien fait par eux contre la dynastie et contre l'ordre public dont il était, comme ministre de l'intérieur, le représentant et le gardien. A quoi il fut répliqué que les Jésuites n'étaient pas les hommes d'une dynastie, mais les hommes de l'Église, n'ayant d'autre ambition que de faire de bons chrétiens et de bons Français. Ces paroles provoquèrent une nouvelle assurance donnée au révérend père, qu'il pouvait compter que jamais, sous son ministère, les Jésuites de France n'auraient rien à craindre du gouvernement ; et il tint parole. Car lorsque plus tard, en 1844, il attaqua la Compagnie avec tant de violence, il n'était plus ministre. Le mot d'éducation fut prononcé dans l'entretien, et le P. Renault donna l'assurance à M. Thiers que, si la liberté de l'enseignement nous était donnée, le gouvernement nous trouverait, dans l'éducation, tels que nous étions dans l'exercice du ministère, les hommes de l'Église, étrangers à la politique et aux intrigues des partis. Cette réflexion resta sans réponse. Nous avons appris, du reste, par le P. Renault lui-même, qu'il était sorti de l'audience satisfait des dispositions bienveillantes qu'il avait trouvées dans le ministre. C'est tout ce que nous avons pu recueillir de cette audience; elle valut peut-être à la Compagnie quelques années de calme, dont on profita pour opérer le partage de la province.

CHAPITRE XVII.

Division de la province de France.

Avant même la suppression des colléges ou petits séminaires, en 1828, les supérieurs avaient senti la nécessité du partage de la province de France ; mais, jusqu'en 1835, divers obstacles s'y étaient toujours opposés.

Au commencement de cette année, le père provincial, pénétré de plus en plus de l'urgence de cette mesure, crut que le moment était venu d'en préparer sérieusement l'exécution. Il commença donc à traiter l'affaire par lettres avec le révérend père général. Il fit valoir, auprès de sa paternité, les raisons qui lui paraissaient de nature à provoquer sa décision : c'était, entre autres, la nécessité de voyager presque continuellement pour visiter les maisons dispersées dans l'étendue d'un vaste royaume et même au delà des frontières, en Savoie, en Suisse, en Belgique, où les sujets de la province étaient employés, le séjour prolongé que le provincial était obligé de faire dans chacune des maisons dont plusieurs n'avaient qu'une existence précaire, et souvent bien des embarras au dedans et au dehors, le travail écrasant de la correspondance, avec un si grand nombre de sujets et d'établissements.

Enfin, après bien des lettres écrites de part et d'autre pendant assez longtemps, après des explications demandées et données, après de longues et mûres délibérations, le P. Renault soumit au révérend père général, dans le courant d'avril 1836, le plan qui, sauf quelques légères modifications, reçut peu de temps après l'approbation de sa paternité ; et c'est d'après ce plan que le partage fut effectué. Il devait y avoir deux provinces : la province de Lyon au midi, et celle de Paris au nord. Cette double dénomination fut choisie par respect pour celle en usage dans l'ancienne Compagnie. La province de Lyon comprenait les maisons de Lyon, de Dôle, de Vals, de la Louvesc et de Toulouse. Celle de Paris se composait des maisons de Paris, de Saint-Acheul, de Metz, de Brugelette, de Laval et de Vannes.

La division adoptée, sans offrir la précision d'une limite fixée par une chaîne de montagnes ou par le cours d'un fleuve, présentait néanmoins deux avantages : la circonscription des diocèses où la Compagnie était établie correspondait à celle des départements, et le nombre des sujets et des maisons se trouvait presque égal des deux côtés.

Chaque province devait avoir des maisons spéciales pour les novices, les scolastiques, les théologiens et les pères du troisième an. Dans la province de Lyon, ces sortes d'établissement conservèrent leur première destination. Dans la province de Paris, Saint-Acheul parut pouvoir suffire, dans les commencements, aux exigences de ces quatre catégories.

Il était réglé que les sujets du nord qui auraient pris racine dans le midi et réciproquement, et qui seraient trop âgés pour être transplantés, pourraient, avec l'agrément du révérend père général, demeurer où ils se trouveraient au moment du partage. Les autres, qui n'étaient pas dans cette position, reviendraient dans leur province respective; mais comme le partage se faisait uniquement dans la vue d'un plus grand bien, des sujets qui seraient plus nécessaires dans la province étrangère que dans leur propre province, pourraient, devraient même rester dans la première, jusqu'à ce qu'ils pussent être remplacés convenablement; et c'est ainsi que, semblables à deux sœurs tendrement unies, les deux provinces se prêteraient un mutuel secours : cette disposition s'appliquait également aux sujets des deux provinces qui étaient employés en Suisse ou en Savoie. Il était réglé, en même temps, que désormais le midi serait chargé de venir en aide, par le prêt de quelques sujets, à la Suisse et à la province de Turin ; tandis que le nord, ayant déjà deux colléges à fournir, celui de Brugelette et celui de Sainte-Marie au Kentucky, n'aurait à traiter, pour le même objet, qu'avec la seule province de Belgique.

Toutes ces déterminations, et quelques autres du même genre, ayant été prises et arrêtées de concert dans le conseil de province, et en secret, le révérend père général, Jean Roothaan, rendit le décret de division, et, le 15 août 1836, il nomma le P. Achille Guidée, provincial de Paris, et le P. Renault, provincial de Lyon. Dès lors, la province de France cessa d'exister telle qu'elle avait été constituée depuis vingt-deux ans, à partir de l'année 1814[1]; et tous les religieux qui se trouvaient hors de leur nouvelle

---

[1] Dans les six premières années, la réunion des différentes maisons de France ne portait d'autre titre que celui de mission : elle ne forma véritablement une province de la Compagnie de Jésus qu'à

province, s'y rendirent dans le courant des mois d'août, septembre et octobre, sauf un très-petit nombre d'exceptions justifiées par les besoins de l'une ou l'autre province. Ce ne fut pas toutefois sans regret et sans déchirement que s'opéra cette division. Tous se soumettaient, il est vrai, à la volonté de Dieu manifestée par celle des supérieurs ; tous comprenaient la sagesse, l'utilité, la nécessité même de cette mesure : mais, en même temps, ils ne pouvaient se défendre d'un sentiment pénible, en se voyant obligés de quitter tout à coup des frères bien-aimés, avec lesquels ils avaient longtemps vécu et qu'ils ne reverraient peut-être que dans l'éternité.

Nous compléterons le récit des mesures prises par le P. Renault, pour préparer et pour opérer la division de la province de France, par un exposé du nombre de ses principaux établissements et de l'état où ils se trouvaient avant le partage. Nous en empruntons les éléments à une lettre écrite par le père provincial à un Père d'Amérique dans le courant de l'année 1834 : « Notre position, disait-il, est toujours à peu près la même. On nous tolère, et, grâces à Dieu, en usant de prudence et de circonspection, nous pouvons encore faire le bien. Ce n'est pas que le génie du mal ne s'agite, mais il ne lui est pas donné de tout oser... La résidence de Lyon, de laquelle je vous écris, s'enracine de plus en plus; elle compte, cette année, y compris six prêtres novices de la seconde année, quatorze pères, la plupart très-occupés, mais plus par les prédica-

dater du mois de janvier 1820, lorsque le père Louis Simpson, fut nommé provincial, par le révérend père général Thaddée Brzozowski (Voyez *Vie du R. P. Joseph Varin.* p. 219).

tions que par les confessions : vous en comprenez assez la raison. Le P. Druilhet[1] est supérieur. Une maison vient d'y être acquise, à la grande satisfaction de l'administration archiépiscopale, qui a donné la main activement à cette affaire.

« Vous avez vu, sans doute, que nous sommes maintenant les gardiens du corps de saint François Régis. La résidence de la Louvesc a été acceptée : elle est desservie par huit de nos pères, dont le P. Guillermet[2], votre ami, est le supérieur. Ils demeurent à la Louvesc pendant l'été, et comme le poste ne serait pas tenable, pour la plupart des santés, pendant l'hiver, ils ont, à Annonay[3], une autre maison qu'ils habitent pendant la saison rigoureuse, et d'où ils se répandent aux environs pour évangéliser. J'aurais le double d'ouvriers à leur donner qu'ils trouveraient à les employer, tant la moisson est abondante. Les maisons de Laval et de Vannes vont à l'ordinaire. Le P. Debrosse[4] est le supérieur de la première ; le P. Varlet[5] de la seconde.

« La Providence nous a appelés à Toulouse dans un moment où les Nôtres ne savaient plus où poser le pied, et

---

[1] *Notices sur quelques membres de la Société des Pères du Sacré-Cœur et de la Compagnie de Jésus*, par le P. A. Guidée, t. II, p. 119.

[2] Aujourd'hui missionnaire dans la résidence de Dijon.

[3] Cette station a été abandonnée et transférée à Notre-Dame d'Ay, pèlerinage de la Sainte-Vierge dans le diocèse de Viviers, à quelques lieues de la Louvesc. La maison des pères et la chapelle ont été cédées à la Compagnie par une famille distinguée du pays, la famille de La Rochette.

[4] *Notices sur quelques membres de la Société des Pères de la Foi*, etc., t. II, p. 1.

[5] *Vie du P. J. Varin*, par le P. A. Guidée, p. 189.

leur a procuré une maison, où ils ont trouvé tout ce qui était nécessaire pour monter une résidence : c'est une des plus intéressantes maisons de ce genre, et par le bien qui s'y fait, et par l'excellent esprit de la ville, et par le local en lui-même. Le P. Michel Leblanc [1] est le supérieur. Les autres sont celles de Paris, de Saint-Acheul, d'Aix, d'Avignon, de Liesse, de Dôle et de Metz. Mais la station la plus importante pour nous, est celle de Vals, près le Puy, où sont réunis tous nos scolastiques théologiens au nombre de quarante-six, sans compter treize prêtres, tant professeurs que missionnaires, employés dans le ministère. Priez pour la conservation de cette précieuse maison. Je ne parle pas du collége du Passage, où les Nôtres sont tranquilles, tandis qu'autour d'eux tout est en feu, ni des autres provinces qui nous ont demandé du secours. »

[1] Aujourd'hui résidant à l'École libre de Poitiers.

CHAPITRE XVIII.

Le P. Renault provincial de Lyon et instructeur des pères du troisième an à Saint-Acheul.

Après la division de la province, le P. Renault continua de demeurer à Lyon, tandis que le père provincial de Paris se fixa dans cette capitale.

Nous n'avons presque aucun renseignement sur les trois années du provincialat du P. Renault dans le midi de la France, depuis le 15 août 1836 jusqu'au 18 du même mois 1839, époque où le père général lui donna pour successeur le P. Louis Maillard. Nous ne pouvons doûter qu'il n'ait suivi la même ligne de conduite que dans le gouvernement des deux provinces réunies, unissant le zèle et la prudence, à une fidélité constante dans l'accomplissement des règles de son emploi. C'est le témoignage que lui rendit le révérend père général Roothaan, et que nous trouvons consigné dans une lettre du 7 septembre 1839, quelques jours seulement après son remplacement par le P. Maillard :

« Je vous remercie beaucoup de vos lettres du 6 et du 15 août, lui écrivait sa paternité. Les observations que vous avez ajoutées aux *elenchus* (compte rendu) des visites sont, comme toujours, très-intéressantes. C'est ainsi que, jusqu'à la fin, vous avez occupé votre poste avec tout le soin et toute l'exactitude qui a distingué votre provincialat. Je vous en remercie, mon révérend père, et le Seigneur vous en tiendra compte, n'en doutez pas; et répétez avec confiance ces paroles du bon Néhémie : *Memento mei, Deus meus, pro hoc....* de tant de travaux, d'un double, triple gouvernement d'une province dans des circonstances si difficiles. *Deo gratias !* »

Le P. Renault était Breton, et en cette qualité il appartenait à la province de Paris : aussi, dès que son provincial apprit qu'il était déchargé du gouvernement de la province de Lyon, il se hâta de réclamer son retour dans le nord. Il désirait lui confier les importantes fonctions d'instructeur des pères du troisième an de probation. Le père général, en lui annonçant ce choix, ajoutait à la lettre citée plus haut quelques avis que nous aimons à reproduire ici :

« Le P. Guidée, lui dit-il, vous demande instamment, mon révérend père, pour instructeur de troisième probation. Il a le goût bon, et je suis très-disposé à lui accorder sa demande, après que vous aurez donné au P. Maillard toutes les informations, tous les renseignements dont il a besoin. Votre départ de Lyon ne presse pas. Le troisième an ne commence, je pense, qu'avec novembre. Ce nouvel emploi vous fournira encore le moyen, mon révérend père, de faire grand bien et du solide. J'ai cru m'apercevoir que quelques-uns donnaient dans ce troisième an trop à l'étude de l'Institut à leur manière, et trop peu à ce que cette année doit être, c'est-à-dire *schola affectus*. Il leur semble que ce serait comme une *école de droit*, où le plus souvent on étudie les droits et on perd presque de vue les *devoirs*. Si on ne prend pas pour base de l'étude de l'Institut ce qui fait le fondement de tout cet édifice, l'*abnégation de soi-même,* on court risque de lire l'Institut à peu près comme les hérétiques lisent la Bible, *pour y trouver ce qu'on veut*. Il faut donc que nos jeunes pères lisent l'Institut et l'étudient dans l'esprit de l'Institut même et de son saint fondateur, et surtout qu'ils tâchent d'en saisir l'*ensemble* et de l'étudier d'abord chacun *pour soi,* pour connaître bien ses *devoirs*. Que serait-ce si quelqu'un dans l'office de consulteur, par exemple, ou même de supérieur ne s'attachait qu'à voir et à faire ce qui est de *droit* dans tel poste, sans le combiner avec ce qui est aussi en ce poste de *devoir,* ou sans tenir compte des droits de celui ou de ceux avec lesquels son poste le met en relation? Voilà comme j'entends qu'on doit étudier l'Institut dans son *ensemble ;* mais tout se fera bien, si on met bien le grand *fondement.*

« Adieu, mon révérend père. Au moins aurez-vous un peu plus de repos, serez-vous plus à vous-même et au Seigneur. Que j'envie votre sort! Puisque je ne puis avoir un semblable bonheur, priez pour moi et recommandez-moi d'autant plus au Seigneur dans vos saints sacrifices, en union desquels je suis de tout mon cœur. »

Le P. Renault possédait dans un haut degré les qualités requises pour se bien acquitter de ce difficile emploi : la connaissance de l'Institut et des règles, l'expérience des hommes et des choses, la prudence, la piété, l'esprit intérieur. Aussi, dès le mois de janvier 1840, le P. Roothaan lui exprimait-il sa satisfaction en ces termes :

« Tout ce que vous me dites, mon révérend père, sur la marche de votre troisième an, me plaît beaucoup. Exercices... et puis ce fondement de l'abnégation de soi-même! Oui, quand on voit en détail tout ce que demande notre vocation de vertus, de perfection, on serait tenté de s'effrayer... La multitude même semblerait devoir opprimer... Comment arriver à tout cela ? Mais voilà que saint Ignace nous le dit en peu de mots dans cette *règle d'or : Unusquisque sibi persuadeat* TANTUM *profecturum*, QUANTUM... Vidons, vidons notre vase de l'amour-propre, et Dieu y entrera et le remplira de ses dons.

« Je dis la même chose de cette *vie de foi* sous l'obéissance dont vous me parlez. Oui, *Dominus regit me*. N. S. Père a dans sa lettre cette belle expression : FIDELISSIMA *caritas*. Pour celui qui obéit dans le véritable esprit de la Compagnie, il y a, du côté du Seigneur, non-seulement son amour pour nous, mais encore sa fidélité, pour que tout tourne au bien. Et quel bonheur dans la Compagnie, où tout se fait par obéissance, même la supériorité, même le généralat ! »

Ces principes servirent de règle au P. Renault dans la conduite du troisième an, et les fruits en furent tels qu'on devait les attendre d'une direction aussi sage et aussi habile.

CHAPITRE XIX.

Le P. Renault père spirituel de la maison de Paris. - Supérieur de résidence et missionnaire.

Lorsque le P. Renault quitta la direction des pères du troisième an, les supérieurs lui confièrent les fonctions de père spirituel dans la maison de Paris.

Ce fut vers cette époque que le zèle pour le salut des âmes lui inspira la pensée de solliciter, auprès du révérend père général, la faveur de pouvoir se consacrer aux missions étrangères : mais celui-ci ne crut pas devoir céder à ses désirs. Il pensa, non sans raison, qu'il pouvait se rendre plus utile à la gloire de Dieu et au bien de la Compagnie, en travaillant en Europe au salut de ses compatriotes, et en contribuant à former des apôtres par ses exhortations et par ses exemples. C'est ce que nous sommes en droit de conclure d'un passage d'une lettre que lui écrivit le R. P. Roothaan au mois de juillet 1840. Nous y lisons : « *Les missions*, c'est pour vous, mon révérend père, un saint désir. Mais à moins que je ne reçoive d'autres lumières, je ne crois pas que ce soit là *ad majorem Dei gloriam*. J'espère que vous serez plus utile aux missions d'une autre manière !

Après un an de séjour dans la maison de Paris, il alla prendre, comme supérieur, la direction de la résidence de Quimper. Cette disposition de la divine Providence le ramenait dans cette terre de Bretagne si chère à son cœur. Il y trouva partout son souvenir encore vivant, surtout dans le département des Côtes-du-Nord : un quart de siècle ne l'avait pas fait oublier.

Il commença dès lors cette vie apostolique qu'il continua jusqu'à la fin de sa carrière. Depuis cette époque, il ne cessa, autant que le lui permirent ses emplois, d'allier l'exercice du ministère le plus actif avec les fonctions soit de supérieur à Quimper, à Paris et à Lille, de 1842 à 1856 ; soit de père spirituel dans l'école libre de l'Immaculée-Conception à Vaugirard, et dans l'institution de Sainte-Geneviève à Paris. Confessions, prédications dans les pensionnats, dans les monastères, missions, stations de Carême et d'Avent, octaves d'adoration, retraites aux hommes du monde, aux ecclésiastiques, aux maisons d'éducation, aux personnes religieuses, aucune œuvre de ce genre ne lui fut étrangère. Les douze années qu'il avait consacrées à la direction des novices, de 1824 à 1830, et au gouvernement des provinces de France et de Lyon, de 1833 à 1839, lui avaient permis d'étudier à fond et d'une manière pratique toutes les fonctions et toutes les vertus de la Compagnie. Aussi Dieu ne cessa-t-il de récompenser ses travaux par les fruits les plus abondants. Il nous serait impossible de raconter en détail cette multitude d'œuvres auxquelles a pris part le saint religieux. Nous nous contenterons d'indiquer quelques aperçus généraux et d'en signaler quelques-unes qui pourront donner une idée des autres.

Mais auparavant, nous ne devons pas passer sous silence une circonstance remarquable de son séjour dans la maison de la rue des Postes, en 1850. Comme supérieur de cette maison, il fit partie de la députation des pères de la Compagnie qui furent chargés d'aller remercier M. de Falloux, petit-fils de M. de La Chalotais, de la loi à laquelle il eut l'honneur d'attacher son nom et qui rouvrit aux Jésuites la carrière de l'enseignement en France. Les pères lui exprimèrent leur reconnaissance ; M. de Falloux demanda leurs prières pour lui et pour l'âme de M. de La Chalotais. Elle attendait peut-être cet acte de réparation de la part de l'un des siens, et les messes offertes à son intention par les pères de la Compagnie réhabilités. La Providence a des mystères d'infinie miséricorde pour les âmes qui ont aimé les pauvres, lors même qu'elles ont failli ; et l'amour des pauvres était une des vertus de M. de La Chalotais.

Dans l'exercice du saint ministère, la parole du P. Renault arrivait à l'âme d'une manière admirable. Il y avait dans ses instructions, et même dans sa conversation, une foule d'idées qu'il n'exprimait pas et qui étaient comprises. On aurait pris le mot à mot de ses paroles qu'on n'aurait rien eu en comparaison de l'effet qu'il avait produit. Son geste, son regard, l'expression de sa voix avaient développé, avec une étendue incroyable, une phrase qui semblait rester inachevée. Les conséquences se déduisaient d'un principe avec évidence : il semblait y répandre un jet de lumière, qui imposait une conviction à laquelle on ne pouvait échapper et qui menait droit à la pratique.

Ajoutez que le P. Renault charmait par un ensemble de qualités, dont le secret était son application constante à l'imitation de Notre-Seigneur. A l'exemple de ce divin Sauveur, il passait en faisant le bien partout, agissant efficacement sur tous ceux qui l'approchaient, sans paraître faire plus ni même autant que d'autres. « Oh! disait le sacristain d'une paroisse, vous pouvez venir au sermon de notre prédicateur de carême; c'est un saint celui-là! j'ai bien vu cela hier. Comme il allait monter en chaire, je lui donnais un surplis; et voilà qu'il y avait aux cordons un nœud si serré que je ne pouvais le dénouer; plus je le secouais, moins il se lâchait. Tout le monde attendait. J'étais si impatienté que j'ai pris mon couteau pour le trancher. — Non, non, m'a dit le Père; voyons, donnez-moi cela : avec de la patience on vient à bout de tout; et alors il se mit en mesure de le délier doucement; et, au moment de commencer son sermon et de se préparer, il a délié son nœud, comme s'il n'avait que cela à faire. Oh! on peut l'écouter celui-là; car il fait bien ce qu'il dit. » « Il n'est pas éloquent, disait une personne du monde, après avoir entendu un premier sermon de carême. — Ce n'est pas nécessaire, puisqu'il me convertit en me disant seulement bonjour, reprenait une femme distinguée par son esprit. Il sortait de l'église en même temps que moi, et il m'a saluée en descendant le perron de la paroisse; pas de sermon qui m'ait fait rentrer en moi-même comme la vue de ce *saint vivant*. »

« Il ne donne guère d'embarras au presbytère, disait une servante : avant sa messe, son lit, sa chambre, tout est fait et si bien en ordre! Je n'ai pas besoin d'épousseter, je vous assure. — D'autres disaient : « Il se garderait bien d'entrer au salon sans avoir salué les gens de l'antichambre d'un gracieux bonjour et d'un mot du bon Dieu. » Et ce gracieux bonjour décidait une confession générale nécessaire et depuis longtemps différée. Chez des amis, avant leur lever, dès cinq heures et demie du matin, il avait fait la prière aux domestiques, et parlé sur la fidélité à Dieu et à leurs maîtres, sur le bonheur de leur état, qui se rapproche le plus de l'état religieux, sur le mérite de l'obéissance et de l'abnégation.

CHAPITRE XX.

Carême de Morlaix en 1845, et mission de Rostrenen.

En 1845, le P. Renault prêcha le carême à Morlaix, dans la paroisse Saint-Matthieu. On nous a transmis, sur cette station, des renseignements d'autant plus précieux qu'ils peuvent donner une idée de l'emploi habituel de son temps et de son activité toujours calme.

Depuis l'heure de sa messe, précédée de son oraison et de son office, il recevait continuellement au confessionnal les femmes et les hommes jusqu'à huit ou neuf heures du soir. Il prêchait quatre fois la semaine, le soir; deux fois, le matin, il donnait des conférences pour les femmes. Le samedi était entièrement consacré aux confessions. Le lundi était son *jour libre*. Il en profitait : à six heures du matin, au milieu des neiges, il allait à plus d'une demi-lieue dire la messe chez des amis, pour procurer à une malade le bonheur de recevoir la sainte communion. Le jeûne du carême ne lui permettait pas d'accepter le déjeûner; il traversait à jeun un petit bras de mer, pour aller prêcher les religieuses ou les pauvres alternativement dans un Hôtel-Dieu voisin. Il y dînait; puis recommençait, quelque temps qu'il fît, un trajet de cinq quarts de lieue par les plus mauvais chemins, pour se trouver vers deux heures à l'hospice de Morlaix, et il y prêchait les pauvres. De là, remontant une colline assez élevée, il faisait une conférence aux Ursulines; puis enfin il arrivait aux Carmélites. Il se trouvait là tout à fait dans son élément de vie intérieure ; c'était bien à dessein qu'il les avait gardées pour la fin ; et parfois l'entraînement de son zèle auprès de ces bonnes religieuses le retenait au Carmel plus longtemps qu'il ne l'avait résolu, et lui faisait oublier l'heure du souper de la cure, le lundi. Tel était l'emploi de son jour de repos, et il avait alors près de soixante ans.

Quand on le pria de donner pour les dames ces sortes de conférences dont nous venons de parler, cette demande l'étonna, et il témoigna sa surprise avec autant d'humilité que de bienveillance. « Des instructions pour les dames! Que voulez-vous que je leur dise? Je ne suis pas un prédicateur à phrases polies et parfumées. Je ne sais que l'Évangile. — Précisément, mon père, c'est qu'elles ne le savent pas trop, ou du moins ne savent-elles pas le lire à votre manière. Causez en chaire comme vous le faites avec nous. — Ah! si l'on ne veut pas autre chose, je suis tout prêt. Je leur parlerai de la sainte Vierge, type sacré de la femme chrétienne, remplissant une mission dans l'Église par l'accomplissement des plus humbles devoirs journaliers de la femme forte. C'est par la perfection de son dévoûment à ces modestes devoirs d'*aide de l'homme* qu'elle acquiert la douce influence qui la rend toute-puissante sur son cœur pour l'amour de Dieu. Ce ne sont point les *romantiques* et les *incomprises* qui convertissent leurs pères et leurs maris, mais les filles pieuses et les femmes dévouées jusqu'à l'abnégation constante d'elles-mêmes. » Oui, le P. Renault ne savait que l'Évangile, et il enseignait à le lire d'une manière incomparable et avec des fruits plus durables encore qu'éclatants.

Nous rattacherons, à la station de Morlaix, quelques détails qui nous ont été transmis sur une mission donnée en 1846 par le P. Renault et par un de ses confrères, dans la petite ville de Rostrenen (Côtes-du-Nord). Les débuts furent peu encourageants pour les missionnaires. Au huitième jour de la mission, qui n'en devait durer que douze, aucun homme ne s'était présenté au saint tribunal. Ils venaient aux exercices, ils étaient frappés de la vigoureuse éloquence du P. Renault, ravis de la parole élégante de son compagnon : mais enfin ils en restaient là, et l'on commençait à craindre sérieusement que la mission ne donnât pas les résultats qu'on en avait espérés. Le P. Renault devait faire le sermon du soir, et l'on ne fut pas peu surpris de l'entendre dire, avant de commencer : « Mes frères, après la bénédiction du Saint-Sacrement, mon confrère et moi, nous nous tiendrons aux deux côtés du chœur, et ces messieurs auront la bonté de se pencher à notre oreille, non pour se confesser, mais afin de nous donner leur heure pour demain. » En entendant ces paroles, le curé fit un mouvement qui témoignait sa surprise et son inquiétude : « Ah ! que dit-il là ? » Le sermon fini et la bénédiction donnée, les deux missionnaires paraissent en surplis et se placent aux deux côtés du chœur. L'église de Rostrenen est une ancienne collégiale : le chœur est grand et suffit pour les offices à tous les habitants du lieu. Ce soir-là, il était entièrement rempli. Ils sortaient ordinairement par la porte du sanctuaire; mais il était à craindre que cette fois ils ne sortissent par le bas de l'église, et la pieuse industrie du P. Renault manquait son effet. Heureusement la stalle la plus rapprochée du sanctuaire était occupée par un jeune homme qui avait été autrefois fervent chrétien, bien qu'il eut cessé de s'approcher des sacrements depuis deux ou trois ans. Il se lève et, après un moment d'hésitation, il prend, pour sortir, la direction ordinaire, et se penche en passant pour indiquer au père son heure pour le lendemain. Les autres en firent autant des deux côtés du chœur, et, dès le lendemain, on les vit tous exécuter leur promesse. Ils ont, depuis, persévéré dans les pratiques religieuses. Cette petite ville est encore aujourd'hui une ville vraiment chrétienne, et le jeune homme, en particulier, est devenu un modèle de piété : « Mon révérend père, dit le curé, en rentrant à la sacristie, savez-vous que vous m'avez fait trembler par votre annonce? — Monsieur le curé, répondit le P. Renault, je le pensais bien. Je n'ai pas voulu vous en parler; mais il y a trois jours que je recommandais la chose à Dieu. C'était quitte ou double, mais il le fallait. »

CHAPITRE XXI.

Le P. Renault dans les retraites pastorales.

Si les traces du passage du P. Renault étaient fructueuses dans les paroisses, que dire du bien qu'il opéra par les retraites pastorales dans un grand nombre de diocèses depuis 1842 jusqu'à 1856 ? Son extérieur grave et recueilli, sa parole noble et simple tout à la fois, la solidité de sa doctrine, le respect avec lequel il traitait ses auditeurs, sa déférence pour l'autorité épiscopale, l'expérience qu'il avait acquise par ses rapports d'administration dans le diocèse de Saint-Brieuc, sa prudence, sa modération, toutes ces qualités le rendaient éminemment propre à réussir dans ce difficile ministère. Aussi le remplit-il à la grande satisfaction du clergé et des premiers pasteurs, dont plusieurs, après l'avoir entendu une première fois, voulurent le voir de nouveau évangéliser leurs prêtres. Il avait surtout le talent rare d'énoncer les vérités les plus fortes avec tant de mesure et d'égards, que jamais il ne blessait qui que ce fût. Il arriva même quelquefois que sa seule présence dans un diocèse fit évanouir des idées défavorables, et réconcilia à la Compagnie de Jésus des personnes qui, à tort ou à raison, croyaient avoir lieu de se plaindre.

Dans une circonstance, néanmoins, une de ses instructions excita quelque rumeur, et faillit soulever une tempête. Il donnait la retraite aux prêtres d'un diocèse que nous ne nommerons pas, et où régnait un certain désaccord sur la manière d'administrer le sacrement de pénitence. Le P. Renault s'était expliqué sur les devoirs, les qualités, la science du confesseur, et sur la pratique la plus en usage, et la plus utile au pénitent. Il avait insisté sur l'obligation de tolérer du moins les opinions que l'Église permet d'enseigner dans les écoles catholiques ; et il était revenu à plusieurs reprises sur cet axiome : *In necessariis unitas, in dubiis libertas, in omnibus caritas.* Il n'y avait assurément là rien de nouveau ; et ce n'était pas la première fois que le père proclamait dans ce lieu cette même doctrine, ayant été appelé déjà auparavant par le même évêque pour remplir le même ministère. Cependant quelques esprits inquiets firent entendre des murmures. Des réclamations furent portées au tribunal de l'évêque, et les mécontents allèrent jusqu'à dire que le langage du père tendait à rendre leur foi suspecte. Le prélat alarmé s'en ouvrit au père, et l'ayant embrassé avec tendresse, il lui exposa les griefs des opposants. « Mais, répliqua le P. Renault, est-ce donc qu'il y aurait dans ce diocèse des doctrines différentes de celles des autres diocèses ? Est-ce donc que les doctrines de ce diocèse ne sont pas aujourd'hui les mêmes que celles de l'année dernière ? » L'évêque touché de ces paroles si simples et si modérées, écrivit à tous ses prêtres en ces termes : « Je ne voudrais pas qu'une triste et acrimonieuse question de personnes fît paraître rejeter des principes qui sont les miens, qui sont vôtres, et dont aucun de nous ne peut licitement s'écarter. La règle qui vous a été exposée : *In necessariis unitas, in dubiis libertas, in omnibus caritas*, ne peut souffrir de difficulté ; elle est adoptée par tout le monde. Les règles qui vous ont été rappelées et que vous suivez aussi, pour distinguer en fait de morale ce qui est nécessaire de ce qui est libre, ce qui est libre de ce qui est défendu, sont également, je le dis devant Dieu, parfaitement exactes, et seules à suivre... Je suis certain que l'intention de vous blesser, dans ce qu'un prêtre a de plus cher et de plus sacré, n'est entré pour rien dans une instruction qui se donne partout, et qui a été donnée ici quant aux principes, sans que personne ait manifesté le moindre mécontement. » Cette lettre, envoyée à tous les prêtres du diocèse et en particulier au P. Renault, produisit la plus heureuse impression. C'était la véritable doctrine proclamée par la bouche du premier pasteur et confirmée aux yeux de tous par son autorité : ce qui jusqu'alors n'avait jamais été fait. Et c'est ainsi que, grâce à la sagesse et à la modération du P. Renault, cet orage passager servit au triomphe de la vérité.

Sa respectueuse déférence envers l'autorité épiscopale, jointe aux aimables procédés de sa charité lui concilièrent aussi, dans ces sortes de retraites, une véritable influence sur le mouvement de retour à la liturgie romaine. On nous a communiqué une note qu'il rédigea sur cette question et qu'il fit passer entre les mains d'un ecclésiastique influent dans le diocèse de***. On y verra avec quelle franchise, mais en même temps avec quelle délicate réserve il se conduisait en pareille matière, ramenant toujours aux principes et ménageant cependant toutes les susceptibilités :

« Voici ma pensée tout entière que je vous soumets et dont vous ferez l'usage que vous dira la prudence, mais seulement auprès de Monseigneur.

« Un évêque ne peut, de sa seule autorité, changer le bréviaire romain dans son diocèse et en introduire un autre. Il faut bien le dire au besoin et le reconnaître. (Concile de Trente, Bulle de saint Pie V.)

« Le clergé du diocèse, en demandant le retour du bréviaire romain, a usé d'un droit, il a accompli un devoir. Et si ses réclamations ont été respectueuses, cette conduite l'honore.

« Le clergé doit s'arrêter là ; au delà se trouve l'abus. Le retour doit venir par l'évêque.

« L'évêque peut-il, *en droit*, s'opposer à une demande si juste ? La réponse est dans le principe posé d'abord.

« Peut-il, *en fait*, et *prudemment*, en différer l'accomplissement, sans s'expliquer en aucune manière, quand tout ou presque tout le diocèse se met ainsi à ses pieds ? Je craindrais que cette espèce de fin de non-recevoir ne produisît de fâcheux effets, des préventions peut-être qui altéreraient l'esprit d'obéissance.

« Mais revenir si tôt sur ce qu'a fait ce vénérable prédécesseur, ne serait-ce pas un manque de respect à sa mémoire ? Je ne le pense pas.

« Mgr de P*** a agi dans la bonne foi, il a cru pouvoir faire ce que d'autres avaient fait.

« Et, d'ailleurs, comment tout s'est-il fait ici ? Le chapitre, tout le diocèse le sait.

« On dit que Mgr de P*** l'a regretté plus tard... Et tout porte à croire que, s'il eût vécu, les choses seraient revenues comme elles étaient précédemment. S'il vivait encore, il n'est pas croyable qu'il se refusât à un vœu légitime et si universellement manifesté.

« Ce n'est pas manquer de respect à sa mémoire, c'est faire ce qu'il eût fait. Ce n'est point troubler sa cendre, c'est lui donner la paix.

« Une chose peut-être unique et d'un grand poids, c'est que le changement n'a été fait qu'à demi : le bréviaire parisien et le missel romain.

« Cet état de choses ne peut durer, évidemment. Mais cette contradiction, et tout ce qu'elle entraîne de difficultés et de bizarreries, revenant tous les jours, et plus d'une fois le jour, produit et entretient un sentiment pénible, plus facile à soupçonner qu'à définir, *une sorte d'agacement continu*. De là... de là... contre l'autorité...

« Monseigneur ne peut manquer, dans sa sagesse, d'apprécier toutes choses. Il a cru devoir ne rien répondre jusqu'à présent à tout ce qu'on lui a adressé, pas même à son chapitre. Cela a un peu surpris, cela a fait peine ; je le sais. On s'attend, sans doute, à ce qu'il s'explique à la retraite. La retraite, en effet, est une circonstance solennelle et des plus propres à cette déclaration.

« Quant à moi, qui ne suis rien, le silence, sur ce point, est mon rôle, et je suis décidé à le garder en public et en particulier. C'est mon devoir. »

CHAPITRE XXII.

Retraites dans les communautés et avis aux personnes religieuses.

Il est un autre ministère auquel l'Église attache la plus haute importance et qu'elle ne confie même pas indistinctement à tous les prêtres. Elle exige de ceux qui y sont appliqués une maturité, une modestie, une réserve plus grande encore que dans les ministres ordinaires du sacrement de pénitence. Ce ministère est celui qui s'exerce dans les maisons religieuses. On a vu, d'après tout ce qui précède, jusqu'à quel point le P. Renault était doué des qualités propres à réussir dans ce genre de direction.

Enseigner les principes de la vie religieuse, les faire comprendre, goûter et pratiquer, c'était le don par excellence de ce saint homme. « Quoiqu'il y ait déjà longtemps que ce bon père nous ait donné deux retraites de dix jours et de huit exercices par jour, écrivaient les Ursulines de Quimperlé, peu de temps après la mort du P. Renault, le souvenir ne s'en est point effacé. Il reste, à toutes celles qui l'ont connu, un souvenir de cœur aussi vif, aussi senti que si ces retraites venaient de se donner.

Que nous sommes heureuses de dire, à la louange du serviteur de Dieu, tout le bien qu'il a procuré à notre communauté ! Le parfum qu'il y a exhalé, par ses sublimes vertus et par son zèle infatigable, ranime les faibles et augmente dans les ferventes l'amour de Notre-Seigneur, dont son cœur était embrasé. » Partout où il avait donné des retraites ou des instructions religieuses, on voulait le revoir ; telles maisons religieuses l'ont rappelé d'une extrémité de la France à l'autre, trois et quatre fois, comptant pour rien les frais qu'entraînaient ces longs voyages, et s'estimant heureuses de se procurer la grâce de l'entendre répéter ce qu'on pourrait appeler son catéchisme de la vie religieuse. « Je sais bien que je vous ai dit cela ; mais l'avez-vous fait ? C'est pourquoi je crois utile de vous le dire encore, parce que tout est là. » Esprit de foi, obéissance de foi, union de la vie active et de la vie contemplative, simplicité d'esprit et de cœur : sa direction roulait sur ces quatre points ; mais avant tout et surtout *la divine charité* : il prononçait ce mot avec un accent qu'on ne pouvait oublier. L'humilité pratique, non pas spéculative ; l'humilité du cœur, vertu par laquelle, en se connaissant bien devant Dieu, on est vil à ses propres yeux, et l'on accepte, comme nous étant dus, *l'oubli*, *le mépris* et *la peine*, partout où ils se présentent.

Pendant une retraite religieuse, il avait répété plusieurs fois : « Je vous dirai, avant de vous quitter, *le secret* de toutes ces choses ; le moyen de les faire facilement. Vous vous fatiguez trop et vous n'arrivez pas. » Enfin, au dernier exercice, il annonça *son secret* : « Vous savez, dit-il, que, dans chaque métier, il y a les moyens ordinaires pour l'apprendre : l'application de l'apprenti, l'enseignement du maître ; mais enfin il y a *quelque chose, un certain je ne sais quoi* que le maître fait connaître à la fin de l'apprentissage, et qui rend simple et facile ce qui, au début, semblait presque impossible : c'est *le secret du métier.* Eh bien ! le secret de la perfection, le voici : Je le dis à toutes en général et à chacune en particulier ; à mes yeux, tout est là pour le fruit de la retraite dans la maison : 1° *esprit de foi* dans les exercices religieux ; se recueillir en la présence de Dieu, même avant de faire le signe de la croix, s'il se peut ; 2° *régler le travail :* faire le plus important d'abord ; dans le plus important le plus pressé ; ne faire, ne voir qu'une chose à la fois ; agir sans contention d'esprit, ni efforts de corps ; agir en la présence de Dieu. Une vue de Dieu, qui vous voit et vous bénit.

« Voilà mon secret, le secret de la perfection. Agissant ainsi, votre imagination sera fixée par le travail, votre esprit sera libre pour contempler Dieu. *Vous ferez mieux, vous ferez plus et sans fatigue.*

« L'âme soutiendra le corps en se nourrissant de la vie contemplative, et le corps, délassé par cette vue amoureuse de Dieu, ne réagira pas sur l'âme par une contention pénible, par une agitation qui épuise.

« Les deux vies, l'active et la contemplative, s'uniront en vous dans la perfection de la vie apostolique, qui est la participation à l'œuvre de la Rédemption pour le salut des enfants confiées à vos soins par la Providence.

« Ce n'est pas difficile avec la grâce, et vous avez la grâce ; vous ne pouvez pas ne pas l'avoir, puisque c'est la grâce propre pour atteindre l'esprit et le but de votre institut. »

Le P. Renault avait un don merveilleux, une grâce particulière pour entrer dans l'esprit de l'institut de chaque ordre et pour en inspirer l'amour aux âmes qui doivent y trouver leur règle de perfection.

Les Hospitalières de la Miséricorde de Jésus, les Dames de Saint-Thomas, les Filles du Saint-Esprit savent combien il leur faisait comprendre et goûter leur saint état par ce mot de Notre-Seigneur : *Mihi fecistis.* Les Dames Bernardines d'Esquermes pourraient dire comme il leur parlait de saint Benoît, de sainte Scolastique, de saint Bernard ; les Carmélites, quelle était son intelligence des œuvres de sainte Térèse et de saint Jean de la Croix ; les Dames du Sacré-Cœur et les religieuses de la Congrégation de Notre-Dame, comme il les faisait entrer dans l'esprit de leur règle et leur en expliquait la sagesse eu égard à la fin de leur institut.

La profonde estime qu'il portait à tous les ordres religieux approuvés par l'Église et son respect pour la volonté de Dieu qu'il cherchait uniquement, lui inspiraient une extrême délicatesse dans la décision du choix des congrégations pour les vocations sur lesquelles il était consulté. Il cherchait à connaître le trait particulier de la grâce dans l'âme, le mot décisif que Dieu lui faisait entendre ; quand il l'avait trouvé, aucune considération d'affection, de convenance humaine ne l'ébranlait. « Je ne viens pas décider, disait-il, je viens connaître la volonté de Dieu, ce qu'il demande de vous ; et remarquez, cela est si vrai, que les mêmes pages sur lesquelles vous avez médité, et où vous lisez que Dieu vous veut Fille de la Charité, ont fait comprendre à nombre d'autres âmes qu'il les voulait Carmélites, Visitandines, etc. » « Soyez présente à notre entretien, disait-il à la mère d'une jeune personne qui délibérait sur sa vocation ; lisez vous-même dans le cœur de votre fille ; personne ne peut la mieux connaître. Vous voulez comme elle que la volonté de Dieu s'accomplisse; je ne cherche pas autre chose. Je mets sous vos yeux ce qui peut l'éclairer ; voyez vous-même : être ce que Dieu veut que nous soyons en ce monde, c'est notre fin, notre place ; par conséquent, le bonheur. Il y a des grâces pour les difficultés et des qualités naturelles même, propres à la vocation pour laquelle Dieu nous a créés. »

Une fois qu'il avait connu la volonté de Dieu sur l'âme, sa fermeté était inébranlable pour la soutenir contre les douloureux combats de la nature, et lui montrer constamment le but où il fallait tendre, quels que fussent les délais et les peines nécessaires pour y arriver.

CHAPITRE XXIII.

Conversations et direction du P. Renault.

Les fruits de salut que le P. Renault recueillait par ses sermons, ses instructions et ses retraites, il les entretenait et les augmentait par ses conversations et sa direction.

Sa conversation rappelait si parfaitement le mot de saint Paul : *Soyez mes imitateurs comme je le suis de Jésus-Christ,* qu'elle avait une efficacité particulière pour conduire les âmes à Dieu. Il avait ce tact, ce ton de bonne compagnie qui sait s'accommoder à la qualité, à l'âge, à la condition de ceux avec qui on traite ; mais conservant vis-à-vis de tous une urbanité, une politesse remarquable. C'était, comme l'écrit une personne religieuse, la splendeur de la charité qui brillait dans le P. Renault, et la plus aimable, en même temps que la plus noble simplicité. Il possédait l'art de ramener la conversation à des termes convenables, quand elle semblait tendre à s'en écarter. Dans une réunion de directeurs de séminaires, le plus jeune hasarda un calembour ou lazzi trivial. Le père le regarda d'un air gracieux, et se contenta de lui dire :

« Monsieur l'abbé, vous valez mieux que cela, et nous aussi. Quand Dieu nous a donné un peu d'esprit, il ne faut pas courir après celui des autres. »

Voici un trait d'un genre différent qui montre quelle était la délicatesse du P. Renault en fait d'égards et de prévenances exquises. Un personnage respectable avait remarqué que, dans une promenade, à chaque tour d'allée du jardin, il changeait de place. Il ne put d'abord se rendre compte de cette espèce de manœuvre, mais il finit par découvrir que le P. Renault en agissait ainsi pour lui laisser toujours la droite. Combien n'est-il pas regrettable que ces procédés soient devenus presque étrangers à une foule de jeunes gens qui semblent n'en avoir pas même l'idée !

Quant à sa direction, elle était d'une simplicité et d'une largeur incroyables. « Toujours il vous mettait à l'aise et dilatait le cœur, rapporte un jeune religieux qui s'adressait à lui. Mais il savait bien aussi, dans l'occasion, vous montrer la haute perfection à laquelle il faut viser. Quand on allait le voir, pour traiter d'affaires de conscience, il commençait ordinairement par vous parler de votre emploi, de vos occupations, de votre santé. Il vous abordait en ami et avec une aimable gaîté qui dilatait l'âme. On ne pouvait plus guère être scrupuleux avec lui. Afin d'achever de guérir de cette maladie, il recommandait au pénitent d'interpréter toujours en sa faveur dans le doute. Pour éclaircir toutes les difficultés, il faisait remonter aux principes ; puis il décidait en conséquence. »

Il cherchait, avant tout, à connaître les penchants et les attraits de l'âme, et ne se hâtait pas de les condamner, s'ils n'avaient pas une apparence évidemment mauvaise. Il croyait qu'on pouvait tirer profit de toutes sortes de dispositions et d'aptitudes.

Du reste il disait peu de paroles ; un mot suffisait, et souvent ce n'était qu'un seul mot : « C'est cela, allez ; » ou bien : « Prenez garde. » « Il faut voir les choses au fond. Qu'y a-t-il ? » Et ce seul mot faisait tomber les vapeurs de l'imagination, comme le souffle sur une liqueur en ébullition.

Si la position avait changé, il montrait le principe sur lequel il fallait s'appuyer : « On ne peut d'avance préciser les détails de circonstances imprévues. Dans le doute, prenez le parti où il y a pour vous plus d'humilité, de confiance et d'amour. Rien ne coûte, quand on aime ce qui coûte. » — Un mot de ce genre portait la consolation jusqu'au fond de l'âme, et on en gardait le souvenir toute la vie.

Le P. Renault déchargeait la direction de tout accessoire inutile : « Faites un peu comprendre les choses à votre amie, disait-il à une personne qui lui avait donné sa confiance. Je me charge de son âme : mais je ne puis être son guide pour l'extérieur ; qu'elle demande conseil pour ses affaires à son notaire ; pour sa santé à son médecin, pour son ménage à sa servante. Je ne puis pas vraiment me mêler de cela. —Vous êtes ici, disait-il encore, pour soigner madame votre sœur : soignez-la, c'est le devoir. Distrayez-la de l'ennui, de la solitude, de la séparation de tous les siens, en lui consacrant la part de votre journée qui peut y être utile. Sacrifiez même certaines pratiques pieuses : seulement réservez l'oraison, la lecture, la messe, l'examen. Puis, voyez dans la maison quelque bien à faire, auprès des domestiques par exemple. Tout cela simplement comme la Providence présente les choses. Aujourd'hui rien, ou peu de chose, si madame votre sœur est plus malade; demain plus, si elle a moins besoin de vous. Ainsi toujours rapporter nos actions à un centre unique, la volonté de Dieu; et agir d'abord dans le cercle de nos devoirs d'état; puis, s'ils n'absorbent notre vie, l'étendre au cercle de la charité, premièrement envers ce qui nous entoure, domestiques, amis, voisins; puis à l'église, par le zèle, la prière, etc.

On lui disait un jour : « Mon père, on ne sait que penser de vous. Quelques personnes disent que vous êtes sévère; d'autres point du tout. — Vraiment, dit-il, c'est que je n'en sais rien moi-même. Une personne vint à moi et me dit : Mon père, puis-je aller au bal? ma mère le veut, je m'y amuse bien; mais vraiment je n'y ai jamais fait de mal. — Eh bien! mon enfant, amusez-vous simplement, et obéissez à votre mère, parce que le bal n'est pas un péché, mais une occasion de péché. Il n'y a pas de mal, puisque vous n'y offensez pas Dieu. Une autre vient et me dit : Quand je vais au bal, surtout quand j'y rencontre telle personne, je ne suis plus à moi, je reviens toute bouleversée. Pendant huit jours, plus d'exercices de piété. Rien ne m'oblige d'aller au bal; mais je n'ai pas le courage d'y renoncer, non plus qu'aux danses défendues. — Alors je change de ton : Renoncez à ce qui est pour vous une occasion de péché, parce que le Seigneur a dit : Qui aime le péril, périra. Moi, je ne sais que l'Évangile. Quand il y a péché, je le dis; quand il n'y en a pas, il ne faut pas en faire, ni en faire faire en le supposant. Il y a bien assez de vrais péchés dans le monde. »

Pour achever de faire connaître le P. Renault comme directeur, nous citerons ici textuellement la réponse qu'il fit à un de ses confrères[1], qui, nommé père spirituel dans un collége, l'avait consulté sur la manière de remplir avec fruit ces importantes fonctions.

Vaugirard, janvier 1858.

Je n'ai pu répondre plus tôt à la lettre que vous avez bien voulu m'écrire, et malheureusement cette pauvre réponse ne sera point une compensation pour le retard que je vous aurai fait éprouver.

Quand je suis arrivé ici, quelqu'un était chargé de donner aux frères coadjuteurs les points de méditation. J'ai laissé faire. Quand il en est empêché, je le remplace. Les sujets que je donne, il est rare que je les prenne dans un livre. Je choisis quelque chose de moins long ; mais quelque chose de substantiel, et plus adapté, me semble-t-il, à leurs besoins. Un plan, tout un ordre de méditations, s'était présenté à moi dans une retraite à Saint-Acheul ; je n'ai point trouvé, ou n'ai point su trouver, le temps de le réaliser.

A mon arrivée, le père ministre était aussi chargé du catéchisme pour ces mêmes frères, et il m'a fait entendre qu'il le faisait volontiers, que c'était pour lui une occasion de donner quelques avis à ces bons frères. Si je faisais ce catéchisme, je commencerais par m'assurer que nos frères savent et comprennent la lettre ; ensuite, je l'expliquerais pour eux, je le développerais suffisamment, et leur en ferais l'application.

---

[1] Le P. Delvaux, supérieur pendant bien des années du collége de Brugelette.

L'exhortation spéciale pour les scolastiques a lieu deux fois par mois, comme l'exhortation pour toute la communauté; de sorte qu'il y a, toutes les semaines, une exhortation. Je n'ai, ni pour l'une ni pour l'autre, un plan bien arrêté. Les besoins aperçus, ou raisonnablement présumés, les fêtes ou les circonstances, indiquent; c'est l'accessoire. Les fonds, les mines d'or à exploiter, ce sont les exercices de saint Ignace, les constitutions et les règles.

Les livres spirituels à lire... Je n'ai pas lu plus que vous, et, franchement, le regret n'est pas très-grand ; non que je pense n'avoir pas besoin d'apprendre, oh ! non. Mais le peu que j'ai lu, que m'a-t-il appris? Le saint Évangile, le livre des *Exercices*, qui nous apprend si bien à connaître et à aimer Notre-Seigneur pour l'imiter, le livre de *l'Imitation*, qui était le manuel de notre Bienheureux Père, *le Combat spirituel*, et le P. Rodriguez; tout cela que vous avez lu, c'est déjà beaucoup, si ce n'est tout ce qu'il faut. Le reste pourrait être l'affaire de la prière. On prie, et voilà une lumière ! c'est bien cela!... L'aurais-je trouvé dans un livre ? J'ai cherché tant de fois en vain! Les consciences sont aussi un livre. Ce n'est pas pour dire : Ne lisons pas ; mais seulement pour nous consoler, le temps manque.

Votre office principal est celui de père spirituel. Si les deux autres, dont vous parlez, vous occupaient trop, au préjudice du principal, ne pourriez-vous pas prendre ce qu'il y a de plus important dans chacun d'eux ? par exemple, pour les retraites, prendre la confession et les résolutions des retraitants, laisser le reste à d'autres ? Si cela n'est pas possible, je m'incline, mais en montrant le § 9 de l'*Instruction : De Profectis spiritualibus constituendis formandisque*. En lisant cette instruction, j'ai toujours été frappé de deux choses : l'importance *reconnue* de cet office, et la nécessité de former des pères pour le remplir.

Vous me paraissez désirer savoir comment je me trouve à Vaugirard. Pendant la visite de Lille, j'ai fait entendre au révérend père provincial que je serais bien aise de n'être plus supérieur, sans lui montrer de préférence pour telle ou telle maison. Lui, après y avoir pensé, me parle d'être père spirituel à Vaugirard, et j'ai dit : Cela suffit. Voilà toute l'histoire. Il y a, entre vous et moi, cette différence, que vous restez dans un milieu où vous avez toujours vécu : vous n'avez pas quitté votre barque et vos filets. Mais on est toujours bien quand on est là où Dieu nous appelle. D'ailleurs, le père recteur a beaucoup de bonté, et nos bons jeunes petits pères (car nous en avons de 20 ans), s'accommodent assez de ce vieux père de l'autre siècle. Sur le déclin d'une vie où l'on n'a pas été sans éprouver bien des choses qui instruisent et qui détachent, quelquefois même des choses véritablement incroyables, qu'on est heureux de pouvoir se retourner vers Dieu, et de lui dire, avec un sentiment de vérité qu'on n'avait pas autrefois : *Tu solus sanctus! tu solus Dominus! tu solus altissimus, Jesu Christe!*

CHAPITRE XXIV.

Vertus du P. Renault. — Son union avec Dieu et son esprit de prière.

Si les paroles du P. Renault étaient puissantes sur les âmes dans la prédication, les retraites et la direction, l'exemple de ses vertus n'avait pas moins d'efficacité. On admirait surtout son union avec Dieu. C'était, dans toute l'étendue de ce mot, un homme de prière. Il l'avait toujours été ; mais cet esprit reçut en lui de nouveaux accroissements par l'étude qu'il fit du livre des *Exercices spirituels* de saint Ignace et par l'intelligence que Dieu lui en communiqua. On raconte que, contrairement à ce qui se pratiquait ordinairement, il ne voulut pas, pour sa retraite de trente jours, d'autre ouvrage que ce livre, avec l'Évangile et *l'Imitation de Jésus-Christ*, et qu'il fut inondé d'un torrent de lumières et de délices spirituelles. Son bonheur était de relire et de méditer sans cesse ces saints exercices. Aussi devint-il maître dans l'art de les donner non-seulement à des communautés, à des réunions de prêtres ou de laïques, mais encore à des retraitants isolés : c'était une de ses grandes consolations et il remplissait ce ministère avec un soin extrême. On pouvait dire de lui ce que les habitants de Rome disaient en voyant le R. P. Roothaan : « Voilà l'homme qui pense à Dieu. »

« Un jour, raconte un de ses confrères, je l'accompagnais dans une visite qu'il devait faire à Paris ; il ne me dit de lui-même que peu de mots ; il répondit avec bonté à quelques questions sérieuses que je lui adressai, mais ensuite il semblait rentrer en lui-même et avoir besoin de méditer. Croyant donc voir en lui cette disposition, je gardai pendant assez longtemps le silence, quand enfin, passant devant les fortifications où nous voyions pour la première fois les préposés à l'octroi, ainsi que les nouvelles limites de Paris, le P. Renault prit lui-même la parole, et me dit : « Vraiment, ce serait un grand bonheur pour ces pauvres gens, dont plusieurs sont si isolés, de savoir faire un peu oraison, à quoi peuvent-ils penser et s'occuper? Cette bonne parole qui allait si bien à mon adresse, ne fut pas perdue pour tout le monde. »

On conçoit sans peine après cela avec quelle fidélité il observait les additions indiquées par saint Ignace dans le livre des *Exercices spirituels*. « Je précise toujours le sujet de mon examen particulier, disait-il à un de ses confrères, et quoique je le fasse depuis bien longtemps, je n'omets jamais de marquer quelque chose par écrit, pour ne pas rester dans le vague. » Et comme ce confrère lui parlait des industries dont il usait pour ne pas perdre de vue le sujet de cet examen, ou bien pour préparer avec soin la méditation du lendemain : « Moi aussi, reprit-il, j'ai des industries, tantôt je place ma barrette au milieu de ma chambre, tantôt j'use d'autres moyens : mais, ajouta-t-il avec une délicieuse simplicité, mettez-moi par écrit les vôtres ; je m'en servirai pour mon propre compte. »

En le voyant seul en adoration devant le Saint-Sacrement, une jeune mère arrêtait sur le seuil de la chapelle ses quatre enfants pour leur faire comprendre par son attitude, le respect et la foi de la présence réelle. La manière dont il disait la messe n'était pas moins frappante. Dieu semblait lui être présent. Il savourait chaque parole, et son émotion se peignait dans ses traits. Un jour que, par une erreur involontaire, il avait oublié quelque rubrique dans le canon de la messe, il en conçut une douleur profonde et ne pouvait s'en consoler. On a vu des préventions enracinées, fruits de la première éducation, achever de s'évanouir par l'assistance à la messe du P. Renault. « Qu'on pense ce qu'on voudra des Jésuites, disait une personne élevée dans des préjugés contraires à la Compagnie de Jésus : celui-ci est Jésuite jusqu'aux os ; et personne ne dit la messe comme lui. On ne peut y assister de sang-froid. » Le P. de Mac-Carthy résumait l'homme apostolique dans ces trois mots : « Le P. Renault est un lion en chaire, un agneau au confessionnal, un ange à l'autel. » Cet esprit de foi et de religion, il l'étendait à tout ce qui se rattache au service et au culte de Dieu. Quelques mois avant sa mort, il était chargé de confesser de très-petits enfants. Il ne voulut pas le faire sans être revêtu du surplis et il attendit pendant assez longtemps qu'on le lui apportât : « Il faut, dit-il, parler aux regards des enfants et ne rien négliger pour leur inspirer le respect des choses saintes. » Une personne qui s'est adressée à lui pour la confession pendant trois ans, a remarqué qu'il ne l'entendait jamais dans sa chambre qu'après avoir quitté sa houppelande.

Sa pieuse gravité en faisant le signe de la croix, la manière seule dont il prononçait ces mots dans une méditation faite en public : « Sommes-nous en la présence de Dieu ? » inspiraient le recueillement dont il était pénétré lui-même.

On ne pouvait, sans en être édifié, voir la piété qu'il apportait à la récitation du saint office : c'était pour lui un bonheur, mais de plus une grande affaire, un grand devoir à remplir. Il en prononçait les paroles lentement et comme à demi-voix, et souvent on le trouvait le récitant à genoux dans la chapelle domestique et il y employait de longues heures. Avec quelle foi ne faisait-il pas envisager le respect, et la confiance qui doivent nous animer en répétant le *Per Dominum* qui termine les oraisons de l'Église ! Sa dévotion pour le chapelet était aussi tendre qu'éclairée. Il le portait autour du col, même pendant le jour : la médaille était placée sur son cœur. Un jour que, pendant la récréation, un des assistants montrait son chapelet : « Il est bien beau, dit-il, mais qu'y a-t-il de plus beau que cette couronne bien récitée ? »

« J'ai reçu ce chapelet du R. P. Roothaan, ajoutait-il en montrant le sien ; il a appartenu au révérend père général Louis Fortis. En me l'envoyant, sa paternité m'écrivit : « Mon père, recevez ce souvenir et formez bien « vos jeunes novices. La médaille représentant nos saints « a appartenu au dernier maître des novices d'Avignon « dans l'ancienne Compagnie. » On a remarqué aussi que, quand le P. Renault parlait de la sainte Vierge ou des saints de la Compagnie, c'était avec des paroles de feu et souvent avec larmes : car Dieu l'avait favorisé du don des larmes; et elles lui échappaient souvent malgré lui en public.

Pendant son séjour à Quimper, il s'appliqua à entretenir dans le cœur des peuples le souvenir reconnaissant des vertus et des prodiges de zèle du P. Mannoir, l'apôtre de la basse Bretagne. Lorsqu'en 1847 il fut de nouveau question de la béatification du saint homme, il s'était même flatté de l'espoir d'obtenir pour la résidence ses précieux restes, conservés à Plévin, diocèse de Saint-Brieuc, et son cœur déposé dans l'église du collége de Quimper; mais l'avenir incertain de la résidence fit évanouir cet espoir.

Le P. Renault avait aussi une dévotion particulière à l'ange gardien ; et il disait à ce propos que, quand il était assez heureux pour inspirer à ses novices l'amour de leur bon ange, ils marchaient alors à grands pas dans la voie de la perfection.

CHAPITRE XXV.

Esprit de foi du P. Renault. — **Son attachement à l'Église et à la Compagnie de Jésus.**

Cet esprit de prière, ce recueillement avait son principe dans le sentiment d'une foi vive, dont le P. Renault donna des témoignages multipliés. C'est ainsi que, apparaissant bien rarement dans son pays natal, il n'y revint jamais sans être allé s'agenouiller et prier aux fonts du baptême où il était devenu enfant de Dieu et de l'Église, comme aussi sous l'arbre de la maison paternelle, parce que c'était au pied de cet arbre séculaire qu'il avait promis à Dieu de se dévouer spécialement à son service.

C'est ainsi que longtemps auparavant, et dès 1827, ce même sentiment de foi lui avait inspiré un vœu où se révèle tout l'attachement qu'il professait pour la sainte Église romaine et pour son chef visible. Nous l'avons trouvé écrit entier de sa main ; voici en quels termes :

« Au nom du Père, et du Fils et du Saint-Esprit, en présence du Saint-Sacrement,

« Je fais vœu à saint Pierre d'une perpétuelle soumission de jugement au saint-siége, c'est-à-dire à son successeur dans le siége de Rome, approuvant sans examen tout ce qu'il approuve, et rejetant de même tout ce qu'il rejette, voulant toujours penser comme lui ; et je prie saint Pierre de me donner pour cela une foi bien simple, une humilité profonde, celle qu'il avait après sa chute, et l'ardent amour qu'il eut toujours pour son cher maître et le mien, Jésus-Christ Notre-Seigneur. Ainsi Jésus me soit en aide dans son sacrement, et ma mère la sainte Église romaine. Avignon, 29 juin 1827. J. M. J. — RENAULT, prêtre. »

L'amour et le dévoûment que la foi inspirait au P. Renault pour l'Église refluait sur la Compagnie de Jésus, qui fait une profession particulière de l'aimer et de combattre pour elle. Après l'Église, elle était l'objet de ses plus chères affections. Il la défendait avec énergie quand on l'attaquait en sa présence, et, dans ces circonstances, il pouvait à peine contenir son indignation. Ainsi, pendant son provincialat, un des pères avait été noirci auprès de l'évêque dans le diocèse duquel il était employé ; et le prélat mal informé avait même frappé ce père d'interdit. Le P. Renault, s'étant transporté auprès de l'évêque dont la religion avait été surprise, prit en main la cause de l'innocence injustement attaquée : il le fit avec le respect et la modestie convenables, mais aussi avec la franchise et 'énergie que réclamait une affaire aussi grave.

CHAPITRE XXVI.

Efficacité des prières du P. Renault. — Pensées sur la confiance dans la prière.

Les détails dans lesquels nous venons d'entrer expliquent ce qui nous a été raconté de l'efficacité des prières du P. Renault et de la confiance qui les animait. On a lieu de croire que, dans plus d'une circonstance, Dieu les a exaucées d'une manière extraordinaire. En arrivant un jour près d'une malade à laquelle il s'intéressait, il entra dans la chapelle. Là il se souvint de la réponse que fit Notre-Seigneur à la prière de saint François de Borgia pour sa femme : « Je la guérirai, si vous voulez ; mais il vaut mieux pour vous qu'elle meure. » « Voyez, dit-il à la personne, la bonté de Dieu et la puissance de la prière. *Si vous voulez, je la guérirai.* Il y a des choses qui ne se feront pas si on ne le prie, et si on le prie, il ne résiste pas. Eh bien ! je lui ai dit : « Seigneur, vous voyez bien que vous ne pouvez pas prendre cette enfant. Que deviendrait ce pauvre vieillard de quatre-vingt-un ans ? car elle est bien la lumière de ses yeux et la vie de son cœur. Après, vous en ferez ce que vous voudrez. » La personne guérit, en effet, et plus tard il put dire : « Le danger paraissait imminent ; nous devions vous avertir ; mais il me semblait que vous ne deviez pas mourir. »

« Dans l'ordre spirituel, disait-il, ce n'est pas d'obtenir ce que nous demandons qui est un miracle ; c'est l'ordre ordinaire, selon la parole de Notre-Seigneur : *En vérité, je vous le dis, tout ce que vous demanderez en mon nom vous sera accordé.* L'extraordinaire, c'est d'obtenir si peu, après la parole engagée avec serment par Notre-Seigneur. C'est que nous ne prions pas véritablement. » Et il racontait, à ce propos, que, s'étant recommandé aux prières d'un vertueux ami pour être délivré d'une fatigue de tête qui entravait son ministère, celui-ci le fit mettre à genoux sur son prie-dieu, et lui dit : « Je comprends que cet état nuit à votre ministère ; demandez au nom de Notre-Seigneur Jésus-Christ d'en être délivré. — Je viens, lui dit le P. Renault, m'unir à vos prières. — Homme de peu de foi, s'écria l'ami, priez vous-même. Ne comprenez-vous donc pas ce que Notre-Seigneur nous dit: « Tout ce que vous demanderez en mon nom, il vous sera « donné. » — J'avoue, ajoutait le P. Renault, que je restai stupéfait de cette apostrophe : *Homme de peu de foi.* Je savais que je manquais de bien des vertus, mais je croyais être un homme de foi. Je vis que non, et je priai au nom de Jésus, comme je ne l'avais jamais fait. En me relevant de son prie-dieu, je remerciai mon ami de la leçon qu'il m'avait donnée, et je ne me suis plus ressenti de mon pénible malaise. »

CHAPITRE XXVII.

Modestie et humilité du P. Renault.

A cet esprit de piété et de prière, le P. Renault joignait la pratique des plus solides vertus. Sa modestie extérieure était parfaite, et il pouvait être cité comme un modèle de cette vertu. Sa démarche calme, la composition de son visage, son air grave et recueilli, en même temps que plein de douceur et d'aménité, faisaient de lui comme l'expression vivante et personnifiée des règles que saint Ignace a laissées à ses enfants sur cette vertu. On ne pouvait sans être touché, le voir entrant dans la chapelle, arrivant aux exercices de la communauté, marchant dans la maison ou par les rues de la ville. « Sa contenance, dit un de ses confrères, sa démarche, et son visage étaient si bien composés quand il allait de côté et d'autre, qu'il semblait toujours prier ou porter le Saint-Sacrement sur lui. En un mot il était impossible de découvrir, dans le saint prêtre, la plus légère infraction aux règles de la modestie religieuse. »

La modestie et l'humilité se donnent la main et se fortifient mutuellement. Le P. Renault porta cette dernière vertu à une sorte d'excès qui le rendait parfois presque timide. Aussi avait-on beaucoup de peine à obtenir de lui les conseils qu'on sollicitait, quand les questions supposaient quelque estime de sa vertu et de son expérience. C'est ce même sentiment qui lui faisait rechercher ordinairement la dernière place. Il ne demandait qu'à être oublié des hommes, et à voir oubliés et inconnus sa science, sa vertu, ses talents.

Il était naturellement éloquent, et souvent sa parole avait quelque chose d'inspiré. Ceux qui l'ont entendu peuvent l'attester et ne l'oublieront jamais [1]. Cependant il se mettait au-dessous de tous les autres. Il s'agissait au mois de septembre 1860 de donner la retraite à une communauté de près de deux cents religieuses. « Si vous trouvez un autre prédicateur, je vous engage à le prendre, disait le P. Renault à la supérieure : mais si vous n'avez personne, je suis à vous. » Puis il ajoutait avec un sentiment de sincère humilité : « Regardez-moi comme votre pis-aller. »

On parlait un jour devant lui du purgatoire. Plusieurs des assistants exprimèrent la frayeur que leur causait la pensée de ces flammes expiatrices : « Pour moi, dit le P. Renault avec une profonde humilité, j'avoue que je ne pense guère au purgatoire; ce qui m'effraye, c'est l'enfer: heureux si je puis y échapper! » et il prononça ces paroles avec un ton grave et pénétré qui fit une vive impression sur les assistants.

L'humilité du P. Renault lui imposa un grand sacrifice

---

[1] On pourra juger son genre d'éloquence par un sermon que l'on trouvera dans l'appendice.

à l'occasion de la dernière maladie du P. de Ravignan. L'éloquent prédicateur avait été comme le fils spirituel du P. Renault et l'avait consulté souvent dans de graves circonstances; leurs cœurs étaient étroitement unis en Dieu. Nul doute que le P. Renault n'eût été très-heureux de s'entretenir quelques instants avec un tel ami avant sa mort, car il était doué d'une exquise sensibilité. Cependant ayant appris que le P. de Ravignan recevait peu de visites, il s'abstint de demander à le voir, se privant d'une consolation si légitime, pour rester confondu dans la foule, et pratiquer sa chère vertu d'humilité.

En 1858, le P. Renault donna pour la dernière fois la retraite pastorale au clergé de Paris. Sans doute son zèle, sa doctrine et la vivacité de sa foi lui concilièrent l'estime générale : mais ce qui frappa davantage encore, ce qui parut comme le trait caractéristique de cette retraite, ce fut son humilité profonde, son respect et ses égards pour les prêtres qui l'écoutaient.

CHAPITRE XXVIII.

Obéissance du P. Renault. — Son désintéressement et
son esprit de pauvreté.

L'obéissance du P. Renault n'était pas moins admirable que son humilité. Son esprit de foi lui montrait la personne de Notre-Seigneur dans celle des supérieurs. Il ne parlait d'eux que dans les termes les plus réservés et les plus respectueux, et on dit même que, lorsqu'il écrivait au révérend père général, il le faisait toujours à genoux.

Sa dépendance à leur égard était telle, qu'il n'aurait pas voulu se permettre la moindre démarche qui pût être de nature à gêner la liberté de leur action : « Je viendrais volontiers, disait-il un jour à une personne qui désirait l'obtenir pour une œuvre de zèle dans une communauté. Mais écrivez au révérend père recteur pour le lui demander. Si je le lui demande moi-même, il me dira oui, sans aucun doute; il est plus dans l'ordre que la demande vienne de vous. Il sera plus à l'aise pour refuser, s'il y avait inconvénient. Il faut que les inférieurs prennent toujours les moyens de ne pas gêner la pensée des supérieurs. Plus leur action est libre, plus on peut espérer la bénédiction de Dieu, quelle que soit leur raison, quelquefois sans qu'ils aient une raison formelle. Une certaine pente de leur esprit vers tel parti plutôt que vers un autre cache la volonté de Dieu, parfois même de grands desseins de Providence. J'ai vu cela souvent. »

A l'exemple de Notre-Seigneur, le P. Renault était humble de cœur et obéissant; à son exemple, il voulut être réellement et saintement pauvre.

A Montrouge, où il fit son noviciat, on éprouvait souvent les effets de la pauvreté, comme on y est exposé dans les maisons nouvellement fondées. Bien des privations devenaient inévitables. Les bâtiments n'étaient pas en rapport avec le nombre des habitants, et la gêne se faisait sentir de toute part. Le P. Renault, loin de s'en plaindre, s'en réjouissait. Né dans une condition obscure, il avait voulu être plus pauvre en embrassant la vie religieuse. Plus tard, étant chargé d'organiser et de diriger le noviciat d'Avignon, bien qu'il eût pour les novices la charité d'une mère, il ne manqua pas de leur faire pratiquer la pauvreté et de la pratiquer lui-même. Dans une communauté où il donnait une retraite, on le vit retirer du feu les morceaux de bois qu'il trouvait superflus, ou même l'éteindre entièrement; et cela dans la plus rigoureuse saison. On le vit même cesser un entretien de direction quelques minutes avant une instruction pour relever les tisons de son feu, qui eussent brûlé inutilement pendant l'exercice qu'il allait présider. Du reste, sa pauvreté était large et généreuse, quand la charité le demandait. A Avignon, il se montrait prodigue envers les pauvres de tout genre. On raconte qu'un jour un religieux étranger se présenta au noviciat. Obligé de faire un long voyage, il était sans ressources. Le P. Renault demande combien il restait d'argent dans la caisse de la maison. Il y avait environ 100 francs. Le supérieur fait donner la somme entière au religieux voyageur; et la divine Providence manifesta qu'elle avait pour agréable cet acte de générosité. Quelques heures après, une personne charitable envoyait exactement la même somme, et, ajoute-t-on, dans la même monnaie. Aussi ne confondait-il pas la pauvreté avec l'économie : « L'esprit d'économie, disait-il, ménage pour épargner; et celui de pauvreté pour user sagement des choses. L'économie donne en regrettant, et la pauvreté donne largement. Quand quelque chose est perdu, l'économie est de mauvaise humeur; la pauvreté conserve sa paix, sa gaîté et son esprit de parfait dégagement. »

Devenu provincial, il recommandait avec force aux religieux de la Compagnie le désintéressement, qui n'est qu'une des applications de la pauvreté.

A Brugelette, en 1836, au moment de la division de la province de France, entre plusieurs exhortations qu'il adressa à la communauté, une des plus fortes et des plus pathétiques avait pour objet le désintéressement de la Compagnie : « Oui, s'écria-t-il, souvenez-vous, mes pères et mes frères, que la Compagnie doit travailler gratuitement. Il faut que nous soyons désintéressés comme nos premiers pères, et que comme eux nous puissions dire aux riches et aux grands du monde : Ce ne sont pas vos biens que nous voulons. *Non vestra, sed vos*, répétait-il à plusieurs reprises avec l'accent le plus énergique; gardez vos richesses et votre or, nous n'en voulons pas : *non vestra;* mais-ce que nous désirons, ce que nous voulons, ce sont vos âmes : *non vestra, sed vos.* Oui, vos âmes, vos âmes seules, pour les offrir à Jésus-Christ, notre Dieu ! »

CHAPITRE XXIX.

Qualités naturelles du P. Renault. — Vénération inspirée par ses vertus.

Toutes ces vertus étaient rehaussées dans le P. Renault par d'éminentes qualités naturelles. Esprit juste et pratique, il n'exagérait rien et se maintenait toujours dans le vrai. Ainsi tout en excitant ses subordonnés à la perfection de leur état, il n'exigeait pas des choses trop difficilement réalisables. Il ne demandait pas, par exemple, que la conversation roulât continuellement sur des sujets de piété; mais il voulait qu'elle fût toujours en harmonie avec le caractère religieux de la personne.

Il avait à un haut degré tous les sentiments nobles et délicats. C'était une âme grande et loyale, un cœur vraiment magnanime; il professait un attachement sincère à son pays, dont il ressentait vivement les prospérités et les revers, les gloires et les abaissements. Écrivant à une personne à l'occasion d'événements politiques qui affligeaient son cœur français : « Je réponds un peu tard, lui disait-il; je l'ai fait, aussitôt votre lettre reçue, par une conformité de vues et de sentiments. Vous me connaissez... Quelques paroles qui terminent votre lettre sur les événements, m'ont touché jusqu'aux larmes, elles tombaient sur cette page; mais ce n'était pas pour éteindre le feu sacré : il s'échappait trop pur de votre cœur. Non, non, il n'y a rien là que vous ayez à désavouer comme religieuse... Nous lisons en ce moment la mission de Jeanne d'Arc (*Histoire de l'Église*, de Rohrbacher). Que de réflexions se présentent! cette France tant aimée de Dieu, il la sauvera encore. Un abîme s'ouvrait; il le ferme en partie, la Providence se montre : mais nous n'avons pas encore son dernier mot. Toutes ces révolutions, et l'instabilité des choses ne nous font que mieux apprécier le bonheur de notre vocation. Tranquilles, mais non indifférents pour tout ce qui tient aux principes, prions pour l'Église, pour le retour des Français à la foi de leurs pères, qui a fait la gloire et le bonheur de la France. »

Quelques années plus tard à propos de la déplorable catastrophe de Castelfidardo, il adressait à la même personne ces paroles pleines des plus nobles et des plus catholiques sentiments :

« O ma fille ! n'avez-vous pas senti comme moi tout votre sang breton tressaillir de joie, en voyant notre Bretagne donner encore des martyrs à l'Église ? Ah! ces nobles enfants ! comme ils ont rappelé à mon souvenir, par leurs beaux noms, la foi de leurs familles si dévouées à l'Église pendant la persécution ! J'ai connu tout cela. Ces noms honorables sont devenus glorieux par leur mort. » Et ces derniers mots, il les prononçait avec une énergie où sous ses cheveux blancs éclatait toute l'ardeur de la jeunesse. La sincérité, la droiture, la franchise étaient encore un des traits du caractère du P. Renault. Il ne savait pas feindre, et il aurait mieux aimé déplaire que de dissimuler la vérité : « Je n'ai jamais recherché la confiance, disait-il à ce propos; quand on vient me trouver, prêtres, évêques, cardinaux, je leur dis la vérité. C'est ce qu'ils cherchent sans doute. Ils ne la trouvent pas dans ceux qui les entourent, qui dépendent d'eux, ou qui ne sont pas chargés de la leur dire. Je me tais aussi, quand on ne la demande pas : mais quand on vient me prier de donner un avis, je dis, n'importe à qui : Voilà les principes; voyez, considérez les circonstances, ce qui est applicable, possible. Le mieux n'est jamais que le bien possible. Si les choses ne se peuvent pas, Dieu ne les demande pas. S'il ne s'agit que de difficultés à vaincre, de sacrifices à faire, et que le devoir soit là..., que voulez-vous? je ne peux pas leur dire blanc, quand c'est noir : lisez l'Évangile, l'histoire de l'Église. Les lois éternelles ne changent point comme celles des gouvernements... Après cela faites, ou ne faites pas. Je ne juge personne : je ne blâme personne. Chacun fait bien, quand il agit selon sa conscience. Celui-là parle, il fait bien, puisque Dieu lui a donné le don de parler. Celui-ci se tait, il fait bien, si Dieu lui inspire de se taire, dans la crainte que l'action de son ministère ne soit paralysée par ses paroles. »

Cette prudente condescendance n'excluait pas dans le P. Renault une invincible fermeté, quand il la croyait imposée par le devoir. C'est ainsi qu'en 1845, lorsqu'à la suite d'un ordre motivé de la chambre des députés, les résidences de la Compagnie furent menacées dans leur existence, il écrivait à une personne amie : « Je ne suis point allé dans les Côtes-du-Nord, comme je vous l'avais dit. J'ai cru que les circonstances m'appelaient à Quimper. Il me semble qu'on n'en viendra pas pour nous à Quimper, maintenant du moins, à des voies de fait. Je suis du reste résolu à ne sortir de la maison que par la force armée. Ce n'est pas entêtement. Je crois dans l'intérêt général devoir protester contre l'arbitraire. Tranquilles et résignés au fond de l'âme, préparés à tout ce que Dieu permettra, nous ne pouvons pourtant que nous affliger beaucoup de voir l'Église persécutée sous notre nom. On nous frappe, parce que nous avons formé, dit-on, un tourbillon d'influences auprès des évêques qui ont écrit contre l'Université, contre M. Dupin. Voilà ce qu'on dit, et en même temps notre cause est présentée comme séparée de l'auguste religion de nos pères. Où allons-nous? »

C'est dans ces tristes circonstances que mademoiselle de La Fruglaye, petite-fille du trop célèbre Caradeuc de La Chalotais, fit auprès du P. Renault une démarche pleine de délicatesse et que la reconnaissance ne nous permet pas de passer sous silence. Par l'intermédiaire du père, elle mit à la disposition de la Compagnie le château de ses ancêtres, comme elle l'avait déjà fait quinze ans auparavant, ajoutant qu'elle s'estimerait heureuse si par là elle pouvait réparer les torts de son aïeul envers la Compagnie. Au reste, cette noble demoiselle ne dissimulait pas ses sentiments à ce sujet. Un ecclésiastique apercevant un jour dans la cour du château la statue du fameux procureur-général, et ignorant qu'il était en présence de sa petite-fille : « Le voilà donc, s'écria-t-il, ce persécuteur acharné des Jésuites! — Hélas! répliqua mademoiselle de La Fruglaye, vous ne dites malheureusement que trop vrai : mais il l'a payé bien cher, ainsi que sa famille ! » C'est qu'en effet le bras de Dieu s'est appesanti d'une manière extraordinaire sur cette famille et sur son chef, dont le nom est éteint.

Cet ensemble de vertus et d'heureuses qualités répandait autour du P. Renault comme un parfum de sainteté qui inspirait quelque chose de la vénération dont on se sent pénétré pour les amis de Dieu. « Nous eûmes le bonheur de le voir s'asseoir à notre table, écrivait une personne du monde, et il se faisait un plaisir de nous y servir. Ce jour fut pour nous un jour de fête. Ma mère qui le vénérait plus que tout autre, parce qu'elle le connaissait plus intimement, s'avisa de mettre à part la serviette ployée par lui, la soigna comme une relique que j'ai trouvée après sa mort. Tout ce que je crois devoir vous dire, c'est que le P. Renault était un homme d'un grand caractère, un cœur aimant et dévoué. »

Environ trois semaines avant la mort du P. Renault une sainte âme disait à son confesseur : « Mon père, allez voir et consulter le P. Renault. C'est mon Pierre d'Alcantara. » Le confesseur ne le fit pas. Un peu plus tard, elle lui répéta la même chose, ajoutant « qu'il devait se hâter, parce que le père était un fruit mûr, que la sainte Vierge cueillerait pour le ciel. » Le confesseur différa encore. Puis il s'informa dans laquelle des maisons de Paris demeurait le P. Renault. On lui désigna la maison de la rue des Postes, où il venait de mourir le 8 décembre. Le fait a été raconté par le confesseur lui-même.

CHAPITRE XXX.

Le P. Renault père spirituel à l'école libre de l'Immaculée-Conception de Vaugirard, et à l'institution Sainte-Geneviève.

Jusqu'en 1857, les vues de la Providence n'avaient pas fixé le P. Renault dans les colléges de la Compagnie, du moins d'une manière un peu suivie. Sa charge de socius du maître des novices, son cher noviciat d'Avignon, les résidences où il avait été supérieur, tout en y exerçant le saint ministère, ses fonctions de provincial ne lui avaient fait voir qu'en passant cette vie d'activité incessante et journalière imposée par le travail de l'éducation, surtout à Paris. Il avait près de soixante-dix ans, lorsque l'obéissance le déchargea de la supériorité pour l'envoyer, au mois de novembre 1857, exercer les fonctions de père spirituel dans l'école libre de l'Immaculée-Conception à Vaugirard.

« J'ai été bien touché, en lisant votre lettre du 18 janvier, lui écrivait le révérend père général Beckx, à l'occasion de ses nouvelles fonctions. Vous voilà donc, mon père, au collège de Vaugirard, au milieu de soixante-dix religieux, obligé envers tous à être un consolateur, un appui, un guide. C'est à mes yeux un grand trait de la protection de la Vierge Immaculée envers son collége ; mais pour vous, mon père, le changement de position a dû être sensible : car il était difficile qu'il pût être plus complet. Le ton qui règne dans votre lettre m'a fait connaître que vous vous étiez totalement dévoué à ce nouvel emploi; j'en suis vraiment consolé et bien édifié, sans en être surpris.

« Rien de plus clair, ce me semble, ni de plus logiquement conforme à notre institut que les principes d'après lesquels vous cherchez à conduire à Dieu cette nombreuse et importante communauté, sur laquelle sont fixés les yeux du public et ceux des nôtres de plusieurs provinces de la Compagnie. J'espère que le Seigneur fera fructifier au centuple ce que vous semez et arrosez avec tant de dévoûment, et selon l'esprit de notre saint fondateur. »

Mais c'est le P. Renault qu'il faut entendre raconter lui-même les impressions qu'il éprouva en abordant cette vie si nouvelle pour lui, et la manière dont il envisagea ses fonctions : « Ce n'est pas, dit-il, que le travail soit grand : mais il est continuel. L'un vient à une heure, l'autre à une autre, chacun quand il est libre; mais je ne puis compter sur le moment de leur visite. C'est tout différent de la vie que j'ai menée jusqu'ici. Tout ce personnel d'une maison si nombreuse, le bruit de ces enfants, le mouvement des parents, tout cela est un *tourbillon;* » et passant la main sur son front, « c'est, ajoutait-il, à en être tout étourdi dans les premiers temps. Puis, on s'élève plus haut. On voit l'œuvre de Dieu dans ces enfants, les mérites spirituels des maîtres dans l'abnégation totale qu'ils font d'eux-mêmes. »

Ces principes servirent de règle au P. Renault dans la conduite des religieux confiés à sa direction. Ceux qui recouraient à lui étaient sûrs de le trouver toujours prêt à les entendre ; il les accueillait avec une bonté, une politesse et une affabilité toute paternelle, et quel que fût l'état de leur âme il les renvoyait consolés et fortifiés. Aussi tous le vénéraient et le chérissaient ; tous s'empressaient de lui prodiguer les marques du respect et de l'affection dont ils étaient pénétrés pour sa personne, et Dieu seul sait tout le bien qu'il lui a été donné d'opérer dans les âmes durant les quatre dernières années de sa vie qu'il remplit l'emploi de père spirituel.

Ce fut pendant son séjour à l'école libre de l'Immaculée Conception qu'il se traça ce règlement qui a été trouvé dans ses papiers. Seul il suffirait pour donner une idée du degré de vertu auquel il était parvenu :

Justus autem meus ex fide vivit.

Voici surtout des points que je me propose d'observer :

1° Devant me lever à trois heures et demie, je ne me coucherai pas plus tard que neuf heures et demie.

2° Je suivrai, pour la méditation, les additions de notre Bienheureux Père, sans contrarier l'attrait de la grâce. *J'en préparerai le sujet le soir et je m'endormirai dans cette pensée. Je m'y reporterai le lendemain à mon réveil,* en me rappelant aussi le sujet de mon examen particulier.

3° Préparation *immédiate,* avant la sainte messe, *toujours.* Vue de foi vive, humilité profonde, intentions arrêtées : *Ego volo missam celebrare.....* L'action de grâces de plus d'un quart d'heure, quand la récitation d'une petite heure ne suivra pas immédiatement. En ôtant les ornements et serrant ce qui est à son usage, recueillement et attention du cœur que rien ne distraie de Jésus-Christ présent.

4° *Avant de commencer* le bréviaire, et toute autre prière, s'arrêter, pour empêcher la routine, *s'arrêter* un instant, *considérer* ce que l'on va faire et devant qui l'on est.

5° L'examen particulier, je le ferai, avec l'examen général, *au temps marqué.* Ne point le remettre à moins d'une raison solide, l'expérience ayant appris qu'un examen remis est un examen manqué.

Le sujet en sera, cette année :

POUR LES DÉFAUTS.

Trop écouter l'imagination, *tentationes antevertendæ.* (Summ., 29.)

Le manque de fidélité à cet examen même, ce qui est dit en saint Ignace.

Défaut de mortification à table, sans me chicaner cependant; perdre du temps, par défaut d'ordre.

EN GENRE DE VERTUS ET DE PERFECTION.

La pratique de la présence de Dieu et l'habitude de s'y remettre souvent, non par une pensée superficielle et abstraite, mais par quelque chose de plus intime qui me renouvelle, c'est-à-dire qui m'excite ou me modère, me fortifie et me console, qui m'unisse enfin, dans ce que je fais, à Notre Seigneur et me fasse pratiquer la vertu qu'il demande dans la circonstance... quelque chose comme l'oraison de simple recueillement. Ceci est très-important pour moi : c'est ma vie !

Égalité d'âme et calme au dehors : *In patientia vestra possidebitis animas vestras.*

Pour ce qui est de toute grande peine, ne pas considérer les causes secondes, ni la manière dont tout cela a été fait, s'élever vite à Dieu, entrer dans ses desseins adorables, et dire : « O mon Dieu, je veux tout ce que vous voulez, et ne veux « que ce que vous voulez. Je le veux, parce que vous le voulez, « comme vous le voulez : *Notre Père qui êtes dans les cieux,* « *que volonté soit faite sur la terre comme au ciel.* » Gloire à Dieu, par là, au plus haut des cieux, et paix aux hommes, à ceux qui ont fait de la peine comme aux autres !

Humilité et douceur.

La divine charité, se faire tout à tous.

« Non volendo neque quærendo quidquam aliud, nisi, in omnibus et per omnia, majorem laudem et gloriam Dei Domini nostri. Cogitet enim unusquisque *tantùm* se profectum facturum esse in omnibus rebus spiritualibus *quantùm* exuerit se à proprio suo amore, à propriâ voluntate, et utilitate seu commoditate propriâ. » (*De emendatione seu reformatione. Exerc. spir.*)

6° Lorsqu'un exercice spirituel aura été pris tout entier par les confessions, réparer cette perte, en reprenant l'exercice autant que possible.

7° Tout le temps que j'aurai de libre, l'employer cette année (1859-60) au travail des Constitutions et des Règles des religieuses de Notre-Dame au Cénacle.

8° Le chapelet tous les jours, et, pour n'y pas manquer, le dire dans la matinée.

9° Outre la lecture spirituelle qui sera quelque chose de suivi d'un auteur ascétique, quelques versets du Nouveau Testament et de *l'Imitation* de Notre-Seigneur. Et quand je ne serai pas au réfectoire, lire ce qui s'y lit tous les mois : le Sommaire, les Règles communes, etc.

10° Je lirai ces résolutions tous les huit ou quinze jours, par manière de considération, avec quelques-unes des règles posées en tête.

Et tous les mois, le premier vendredi du mois, jour de récollection, en l'honneur du Sacré-Cœur, j'y ajouterai les pages qui suivent : *Mihi enim vivere Christus est.*

Je mets ces résolutions sous la protection de la très-sainte Vierge, et la supplie de m'obtenir la grâce d'y être fidèle : *Monstra te esse matrem.*

A son collége de Vaugirard, 16 juillet 1859.

F. Renault, S.-J.

J'ai renouvelé ces résolutions à la fin de ma retraite à Vaugirard, le 23 juillet 1860.

Attention particulière au n° 7 et à mon examen particulier.

Se remettre en la présence de Dieu, comme il est dit là, n° 5, et lire quelque chose du Sommaire § 17 ou § 19, qui fasse éviter surtout le défaut que j'aurai à combattre dans la journée.

Se remettre donc ainsi en la présence de Dieu, sinon à toutes les heures, au moins toujours au moment de la tentation, sans compter les actes de la vertu contraire, trois à quatre fois dans la matinée et autant dans l'après-midi.

Après que le P. Renault eut passé deux ans à Vaugirard, en qualité de père spirituel, les supérieurs lui confièrent ces mêmes fonctions à l'école Sainte-Géneviève, et, au mois de novembre 1859, il fut, de plus, nommé consulteur de province. En lui confiant cet emploi, le révérend père général lui écrivait dans des termes qui marquaient la haute confiance que lui inspiraient son dévoûment et son expérience :

« Je viens aujourd'hui, lui disait-il, faire un nouvel appel à votre dévoûment pour la Compagnie, en vous nommant consulteur de la province de Paris. Je sais que ce choix est agréable au père provincial et aux autres consulteurs. Ces dispositions unanimes à votre égard, mon père, vous aideront à vous servir, avec plus de fruit et de liberté, pour le bien de la province, des lumières qu'une si longue expérience des hommes et des choses vous a données. »

CHAPITRE XXXI.

Derniers travaux du P. Renault. — Pressentiment de sa fin prochaine.

Déjà dix-huit mois avant sa mort, le P. Renault était occupé de la pensée que de longs jours ne lui étaient plus réservés. Il l'avait laissé paraître dans un repas de famille qui se donnait chez la plus jeune de ses sœurs, et où se trouvaient plusieurs ecclésiastiques. Il avait dit en secret à quelques amis : « Mes pauvres sœurs et mes bons neveux et nièces, ils célèbrent, sans s'en douter, mes funérailles. » Et, en effet, il n'a pas reparu depuis ce jour dans sa famille.

Mais pendant les six derniers mois de sa vie environ, il sembla que Dieu lui eût donné comme un pressentiment de sa fin prochaine. Il en parlait fréquemment sous une forme ou sous une autre. Cependant sa santé était si belle qu'on repoussait ces tristes prévisions. Au mois d'août, il s'en ouvrit d'une manière plus précise à une personne qui avait sa confiance. Il lui dit qu'il sentait une fatigue, un malaise qu'il n'avait jamais éprouvé, et il pensait que l'air natal et des bains de mer pendant quelques jours pourraient con-

tribuer à son rétablissement. Il voyait la possibilité de placer ces quatre ou cinq jours de repos entre trois retraites qui devaient l'occuper à Blois ou Orléans, à Vannes et à Carcassonne. C'est ainsi que l'homme apostolique traçait son itinéraire, sans tenir le moindre compte de la fatigue des voyages. Malgré son état de souffrance, et la perspective d'un travail si pénible dans un si court délai, ayant appris qu'une circonstance inopinée allait priver de retraite une communauté nombreuse, la pensée du repos qui lui était si nécessaire fut abandonnée, et ses instances pour se charger de ce nouveau travail prouvèrent que le soin des âmes l'emportait de beaucoup dans son estime sur le soin de sa santé. « Pendant cette retraite, rapporte une personne qui l'a suivie, il semblait se hâter (lui si calme) de vouloir dire en quelques mots tout ce que renfermait son cœur pour Dieu et pour nous. Après une instruction touchante sur les moyens journaliers de sanctification que présente la vie religieuse, il s'étendit sur les fruits de la sainte messe d'une manière admirable. Je l'en remerciai avec effusion; et lui-même il me dit, encore tout ému : « Que
« Dieu soit béni, si je vous fais du bien. Je dis cela aux
« autres, et moi.... je ne le fais pas! » Puis, inspiré par un vif sentiment d'humilité : « Que de fois, ajouta-t-il,
« j'ai dit ces choses aux prêtres, aux évêques, dans les
« retraites sacerdotales! La messe! que concevoir au-
« dessus? Le seul objet digne du regard de Dieu sur la
« terre! Voilà bientôt cinquante ans que je la célèbre.
« Quel compte à rendre! car enfin, mes cheveux blan-
« chissent, la fin approche : priez pour moi! » Et ses yeux se remplissaient de larmes.

« Une autre fois, reprenant cette pensée de la *simplicité de la vertu*, à laquelle il revenait sans cesse et qu'il envisageait au point de vue de la perfection chrétienne et religieuse : « Plus je vais, disait-il avec une expression que
« je ne puis rendre, plus j'approche de la fin, et re-
« passe dans mon esprit le résumé de toutes les choses
« de la vie : études, expérience, pratique des devoirs en
« moi et dans les autres, mieux je comprends que la
« vertu et la perfection même, c'est une chose très-simple:
« faire ce qui se présente dans l'ordre de la Providence,
« ce que l'on doit, tout simplement, comme cela vient,
« n'importe quoi : une visite, une étude, une classe, un
« travail, n'importe quoi. Mettez ce que vous voudrez :
« faire cela devant Dieu, comme sous ses yeux. On se
« trouble, quand les choses ne vont pas à notre guise. On
« s'attache aux moyens. Mais je n'ai pas fait mon oraison....
« Je voudrais plus de solitude.... Le pouvez-vous sans
« manquer aux devoirs de votre emploi? à l'obéissance
« qui prescrit? aux circonstances qui commandent? Non,
« il faut que les choses marchent. Eh bien! faites-les
« marcher, et marchez vous-même en paix sous le regard
« de Dieu.... *Marche en ma présence, et sois parfait.*
« Depuis Abraham, c'est le secret de la vertu. »

Cette retraite fut une des dernières que le P. Renault ait donnée.

CHAPITRE XXXII.

Dernière maladie du P. Renault. — Sa mort. — Ses funérailles. — Témoignage rendu à sa mémoire.

Au mois d'octobre 1860, le P. Renault avait repris ses fonctions de père spirituel à l'école Sainte-Geneviève, et s'en acquittait avec son zèle accoutumé, environné du respect et de l'affection de tous. Il y régnait vraiment sur les âmes comme un grand-père dans une famille. On aimait à retrouver en lui la paix, la dignité et la suavité qu'on avait admirées dans quelques pères de l'ancienne Compagnie. Son court passage dans cette maison avait déjà fait un bien immense, et on espérait jouir longtemps encore du fruit de son expérience, de sa direction et de ses exemples, lorsqu'une mort inopinée vint presque subitement le ravir à la vénération et à la tendresse de ses confrères. C'est au commencement de décembre, que ce vénérable père éprouva les premières atteintes du mal qui devait le conduire au tombeau. Ce n'était, au début, qu'une affection légère, une simple inflammation de la racine de l'ongle du gros orteil, produite par une chaussure trop courte. Peu habitué à soigner sa santé et se confiant dans son excellente constitution, qui n'avait presque jamais eu besoin des secours de la médecine, le bon père ne songea à suspendre ses occupations et à demander conseil, que lorsque le mal se fut aggravé d'une manière inquiétante. L'ongle était en partie soulevé par la suppuration, un gonflement inflammatoire s'était déclaré, et de l'orteil s'étendait même sur le pied et sur le bas de la jambe. Le repos absolu, les calmants, l'extraction même de l'ongle ne purent arrêter les progrès du mal. Un érysipèle lymphatique envahit rapidement la jambe entière, et des accidents graves indiquèrent la décomposition du sang; et dès lors on conçut les plus vives inquiétudes.

Personne cependant, pas même le cher malade, n'était préparé à ce coup. Le P. Renault avait, en effet, déjà souffert de ce même ongle. Précédemment, à Vaugirard, le repos et quelques soins avaient suffi pour le rétablir. Il ne pensait pas, du reste, que ce léger mal pût être la cause de sa mort; car il répétait souvent : « Que de choses ! que d'embarras, pour une indigestion ! » C'est qu'au début de sa maladie, le malaise, la souffrance, la fièvre avaient troublé sa digestion, et, comme il n'avait jamais été malade, tout lui paraissait extraordinaire. Il éprouvait un vif désir de quitter le lit, ne fût-ce que quelques instants. Le médecin[1] jugea à propos de l'éclairer sur la gravité de son mal : « Mon père, lui dit-il, vous êtes maintenant sous la puissance de la médecine. Vous n'avez plus actuellement qu'une chose à faire, c'est de nous obéir; votre maladie est sérieuse; je vous ordonne

---

[1] M. le docteur Maisonneuve.

donc, *sous peine grave*, de ne pas quitter le lit, ni même de changer la position horizontale. » Il écouta ces paroles avec recueillement et respect, comme si Dieu eût parlé en personne. Il n'objecta rien. Cependant, après la visite, il disait au père ministre[1] : « Comme il y va le docteur ! *Peine grave.* Oh ! que cette position est dure ! » En effet, en l'ensevelissant, on a trouvé le dos tout noir et bleu ; tant il avait souffert pour obéir ! C'est le mercredi, 5 décembre, que l'on reconnut la gravité du mal. Jusque-là il n'avait ressenti qu'un léger accès de fièvre, et on l'attribuait en grande partie à la douleur causée par l'opération qu'il avait subie. Mais, à partir de ce moment, l'inflammation fit des progrès rapides. Le médecin en fut effrayé et prescrivit les remèdes les plus énergiques. Dans la nuit du jeudi au vendredi le délire commença, il ne se manifesta cependant qu'à de rares intervalles. Le jour, il avait toute sa connaissance et s'occupait volontiers de pensées pieuses ; mais il fallait les lui suggérer, tant il était absorbé par la douleur ! Quelques rares exclamations trahissaient ses souffrances : « Que je souffre ! Si je pouvais me remuer ! — Tenez, dit un des assistants en lui montrant son crucifix, voilà qui ne remuait pas ; demandez, mon père, force et courage. — Oh ! oui, oui. » Une autre fois, comme on lui remettait une image de Notre-Dame des Sept-Douleurs : « Ah ! merci, dit-il, c'est bien cela ; elle a bien souffert cette Mère de douleurs. J'ai grand besoin de la voir ; car je commence à souffrir ; » et il baisa cette image avec une respectueuse tendresse, et la plaça lui-même sous

---

[1] Le P. Arnould Montazeau.

son crucifix suspendu près de son lit. Sa grande préoccupation, quand il se croyait seul, était de regarder cette image de la sainte Vierge et de gémir devant elle sur les maux de l'Église. Le frère qui le gardait l'a entendu répéter à plusieurs reprises : « Mais, ma bonne mère, c'est à vous de sauver l'Église. Vierge Immaculée, faites donc ce miracle pour votre fête. Sauvez l'Église et son pontife. »

Le père ministre revint le voir dans la matinée du vendredi, et remarquant que le mal augmentait : « Mon père, lui dit-il, recommandez-vous à Notre-Dame immaculée, c'est demain sa fête. — Ah! oui. — Seriez-vous heureux de communier? — Oh! oui. — Vous unirez votre sacrifice au sacrifice du bon Maître. — Oui, oui, que sa volonté soit faite! »

Vers une heure après-midi, le premier médecin constata une légère amélioration dans l'état du malade. Ce n'était qu'une apparence trompeuse; car, le soir, lorsque le chirurgien revint, il le trouva plus mal que la veille. « Demain matin, murmura-t-il à l'oreille du père ministre, je vous indiquerai quand il faudra l'administrer. » Hélas! les prévisions de sa science furent en défaut; il ne devait plus le revoir vivant.

Dès le soir, on organisa un service de nuit. Trois personnes, dont un prêtre, le veillèrent. La nuit fut mauvaise et sans sommeil, comme les nuits précédentes; car, pendant toute sa maladie, le bon père n'a pas eu une heure de repos. Durant cette dernière nuit, son délire, presque continuel, ne fut interrompu que par de courts instants de lucidité; mais, malgré ce délire, il ne laissait pas d'être uni à Dieu. Bien que souvent distrait par ses douleurs, pour demander à changer de chambre, ou à voir le frère infirmier, il revenait à Dieu comme naturellement. On l'entendait alors se préoccuper de la récitation de l'office, ou commencer avec ce ton solennel de la foi qui lui était ordinaire l'*Introïbo* de la sainte messe. C'est surtout dans ses instants de lucidité, que sa pensée tout entière se portait vers Dieu. Il semblait alors heureux d'avoir conscience de lui-même pour se préparer à sa fin prochaine. A deux reprises, on l'entendit réciter avec pleine connaissance des versets des psaumes ou de l'Évangile, tels que ceux-ci : *Circumdederunt me dolores mortis*[1]... *Euge! serve bone et fidelis*[2]. Et dans un autre moment, il prononça ces paroles avec un sentiment très-vif de foi et de dévotion : « Mon Dieu, je vous offre mes souffrances pour mes péchés, pour les âmes du purgatoire, pour l'Église, pour le souverain Pontife. »

Quand le père ministre vint le visiter, le samedi matin à quatre heures, il le trouva beaucoup plus mal; le pouls était rare, et l'oppression très-forte. Il fit appeler son confesseur et le frère infirmier, et donna des ordres [3] pour que l'on réunît la communauté le plus tôt possible afin d'administrer au malade les derniers sacrements. A cinq heures tout était prêt. Lorsque le père ministre entra dans sa chambre avec le saint viatique, la figure du vénérable père s'illumina, il ouvrit de grands yeux et parut comme stupéfait, ne perdant cependant aucun des mouvements du prêtre et suivant toutes les prières. Après quelques paroles pour rani-

---

[1] Les douleurs de la mort m'ont environné (Ps. CXIV).
[2] Courage! bon et fidèle serviteur. (Matth., 25, 21.
[3] Le P. Recteur était alors absent.

mer sa foi, son espérance et sa charité, le père ministre le pria d'adresser un mot à la communauté, qu'il avait si souvent édifiée par ses pathétiques et touchantes instructions, non moins que par l'exemple de ses vertus ; il garda le silence. Mais à la vue de la sainte hostie près de ses lèvres, il se ranima tout à coup et dit : « Mais je ne puis communier : j'ai pris quelque chose. — C'est le saint viatique, mon père, lui dit son confesseur ; vous pouvez communier sans être à jeun. Recevez Notre-Seigneur qui vient à vous : il le veut. » Alors l'enfant d'obéissance ouvrit la bouche et communia.

Le reste de la matinée se passa dans une longue et pieuse action de grâces. Il était calme, tranquille et priait à voix basse ; mais il souffrait beaucoup. « Votre sacrifice est bien fait, lui dit le père ministre. — Oh ! oui. *Fiat voluntas.* » C'est la dernière parole qu'il ait prononcée ici-bas.

A dix heures et demie, on s'aperçut qu'il touchait à ses derniers moments. Le père ministre averti, accourut, lui donna une nouvelle absolution et lui appliqua l'indulgence plénière de la bonne mort. Il avait encore sa connaissance, il voyait et entendait ; mais il ne parlait plus. Pendant ce temps-là, la plus grande partie de la communauté arrivait et put recueillir le dernier soupir de son vénéré père. Il expira doucement, à onze heures, sans crise, sans violence, sans efforts. Quelques instants après son tranquille trépas, ses yeux se fermèrent d'eux-mêmes, tandis que son âme était introduite, nous l'espérons, par Marie immaculée, dans le séjour de l'éternelle lumière. C'est le 8 décembre, jour de l'Immaculée-Conception, qu'il avait signé, en 1821, et adressé au P. de Ravignan, alors en troisième probation en Suisse, ce beau travail sur les Exercices de saint Ignace, dont nous avons parlé précédemment. Cette mort bienheureuse, arrivée le même jour, ne semble-t-elle pas la récompense du zèle avec lequel le saint religieux s'était employé à répandre l'estime et l'intelligence pratique d'un livre inspiré à Manrèse par Marie Immaculée ?

Les obsèques eurent lieu le lundi 10, dans la chapelle de l'Ecole Sainte-Geneviève. Les pères des différentes maisons de Paris s'y rendirent en grand nombre pour payer ce tribut de reconnaissance et de prières au vénérable défunt, qui avait rendu à la province de si éminents services. Les communautés religieuses qui avaient été instruites de sa mort, s'y firent représenter, entre autres les Capucins et les Dominicains. Les communautés de femmes eurent aussi leurs déléguées. Le révérend père recteur célébra la sainte messe, et Mgr de Charbonnel, vieil ami du défunt, fit l'absoute et l'accompagna jusqu'au cimetière. Son corps repose au dessus du cercueil du P. de Ravignan [1].

Son Éminence le cardinal Morlot, archevêque de Paris, voulut s'associer au deuil de la Compagnie de Jésus. Averti par le père supérieur de l'École Sainte-Geneviève de la mort du père Renault, il s'empressa de lui envoyer ces lignes : « Mon révérend père, demain j'offrirai le saint sacrifice pour le vénérable défunt, dans la ferme confiance qu'il n'aura pas longtemps besoin de nos prières, s'il n'est pas déjà en possession de la récompense pour laquelle il a

---

[1] C'est le P. Moirez qui est le dernier des vingt-deux jésuites enterrés dans le premier caveau. Le P. Chastel a commencé une nouvelle série dans le nouveau caveau en face de l'ancien.

si bien travaillé. Mais de telles pertes sont toujours bien douloureuses, et je ressens celle-ci plus que beaucoup d'autres. Il faut adorer et se soumettre.

« Je vous remercie, mon révérend père, de l'attention que vous avez eue de m'écrire. Je savais déjà par le P. de Pontlevoy le triste événement. Permettez-moi de me recommander à vos prières, etc. »

Nous aimons encore à citer quelques fragments d'une lettre adressée au même père supérieur par une pieuse Carmélite, la mère Marie-Françoise de la Trinité ; on y verra un nouveau témoignage de la haute idée que l'on avait de la vertu du P. Renault, de la confiance et de la vénération qu'il inspirait aux personnes avec lesquelles il était en relation : « La mort du juste est précieuse devant Dieu, mon très-révérend père. Le R. P. V*** vient de nous apprendre la mort si prompte du bon et vénéré P. Renault, J'en ai été douloureusement affectée, mais non surprise. Depuis que le R. P. Demontezon nous avait appris, jeudi dernier, que ce bon père s'était alité, j'avais le pressentiment qu'il touchait à sa dernière heure. Hier soir et ce matin, j'y avais pensé particulièrement devant Dieu ; mais j'aimais à croire que c'était un faux pressentiment. Maintenant, c'est une réalité, bien triste pour mon cœur. Mais *Fiat*. Un saint de moins sur la terre, voilà l'épreuve, mais un saint Jésuite de plus au ciel, voilà la consolation. Notre révérende mère l'a recommandé aux prières de la communauté. Quant à mon cœur, il a besoin de remplir avec dévoûment le précieux devoir que m'impose ma filiale reconnaissance. Je l'avoue, je suis plus portée à le croire bienheureux que souffrant dans le lieu de l'expiation. C'était vraiment un saint, *qui avait caché sa vie en Dieu avec Jésus-Christ*.

« Permettez-moi, mon révérend père, de vous demander un souvenir (je n'ose pas dire deux) de ce saint religieux ; je veux dire un objet qui lui ait appartenu comme un livre, un Christ ou tout autre chose ; plus il aura été usé à son service, mieux il remplira la mission que je lui confierai de consoler ma pauvre mère qui va être douloureusement affectée par ce nouveau sacrifice, et le plus pénible de tous. Elle perd dans le P. Renault le seul ami qu'elle eût sur la terre, le père de son âme le plus dévoué, le confident de ses nombreux chagrins ; enfin son conseiller le plus sage, le plus sûr dans les circonstances difficiles qu'elle a à traverser. Un mot de sa part soulageait ses douleurs et lui donnait toujours l'espérance. Depuis plus de trente ans, il était son seul directeur. Je lui apprendrai cette nouvelle si triste pour elle, seulement à Noël, et avec précaution ; et je voudrais, avec l'amertume du sacrifice, lui offrir une consolation que lui aurait donnée volontiers le R. P. Renault, s'il avait eu le temps d'y songer... »

La personne qui a écrit cette lettre ne fut pas la seule qui réclama un souvenir du P. Renault. Des demandes du même genre furent adressées de tous les lieux où le bon père avait fait quelque séjour ; et ces objets, si peu importants qu'ils fussent, ont été reçus partout avec reconnaissance, et avec le respect qui s'attache aux restes des amis de Dieu.

APPENDICE

LETTRES,

AVIS DE DIRECTION ET ÉCRITS DIVERS

DU P. RENAULT.

Pour achever de faire connaître le P. Renault, il nous a paru utile de publier, à la suite de sa vie, quelques avis spirituels et divers autres écrits du vertueux prêtre. Nous ne doutons pas qu'on ne les lise avec intérêt et que cette lecture ne contribue au bien des âmes.

LETTRES

I

A UNE PERSONNE DU MONDE.

Avignon, 29 juillet 1829.

Mademoiselle,

La paix de N.-S.

Je vous remercie des images que vous avez bien voulu m'envoyer. Il en est une qui vaut pour moi toutes les autres, et, si je venais à la perdre, vous me permettriez de recourir à vous.

J'ai lu, avec tout l'intérêt que je vous porte, ce que vous m'avez écrit. A tout cela je répondrai : *La paix;* mais une paix qui consiste à souffrir (sans se troubler au fond de l'âme) l'agitation qui est à la surface; à peu près comme celui qui demeure en paix renfermé pendant la tempête. Je dirai : *Confiance*, mais une confiance aveugle qui n'examine plus; saint Pierre marchait sur les eaux les yeux fixés sur son cher maître; aussitôt qu'il fait attention à la violence des flots, il enfonce.

Vous me priez de vous écrire quelque chose de ce que je

vous ai dit pour vous soutenir dans ces états. Je ne m'en souviens plus ; mais, demandant à Notre-Seigneur, dans une visite au Saint-Sacrement, ce que je pourrais dire de bon, ces paroles me vinrent : *Je vis en la foi du Fils de Dieu qui m'a aimée et qui s'est livré lui-même pour moi.* Il me semblait que si votre cœur en pénétrait le sens et les goûtait bien, elles y laisseraient pour fruit la confiance et la paix. Faites-en quelquefois le sujet de vos méditations, et ensuite le doux entretien de vos pensées pendant le jour.

Vous diriez par exemple : Pauvre que je suis et dénuée de tout bien, je vis cependant et je vis de confiance ! Ce n'est point un acte que je fais en passant, *la confiance est ma vie*, c'est là mon élément; je vais, je viens, je travaille, je me repose, je dors, je veille, je vis de confiance. Que les tentations viennent, que mon esprit soit obscurci et mon cœur desséché; quand je marcherais dans les ombres de la mort, j'espérerais toujours et je vivrais, parce que la confiance est ma vie.

Je vis dans la foi, voilà ma lumière dans les ténèbres, mon ancre pendant la tempête, la parole qui me rassure. Je vis en la foi donnée. *La foi donnée !* Si, à ce mot, toutes les craintes se dissipent dans les unions de la terre, que doit-ce être pour l'union de l'âme avec son Dieu ? Il s'est donné, je me suis donnée. Maintenant que je suis à lui, il m'éprouve.... mais j'ai sa parole, j'ai ses promesses, et ses serments dans les divines Écritures. Je l'ai lui-même au sacrement de son amour. Je n'ai rien à craindre. Je vis en la foi du *Fils de Dieu*.

Que dire ici ? Ah ! il est des grâces si grandes qu'elles humilient. L'âme confuse se tait, si Dieu ne l'anime à parler. Elle dit alors comme Marie : *Mon âme glorifie le Seigneur, il a regardé la bassesse de sa servante.*

Je vis en la foi du Fils de Dieu *qui m'a aimée*. Pourquoi ne suis-je pas comme tant d'autres de mon âge ? Avais-je plus de raison ? ou mon cœur était-il moins sensible ? Qui donc m'a désenchantée du monde et comment est-ce que je l'ai vu tel qu'il est ? Miséricorde de mon Dieu ! c'est parce que vous m'avez aimée plus que les autres.

Je vous ai aimée, dites-vous, *d'un amour éternel, et c'est pour cela que je vous ai attirée, ayant pitié de votre jeunesse.* Que s'il m'aimait lorsque je n'étais pas, ou que je n'y pensais pas; s'il me recherchait quand je le fuyais, et que je l'offensais, il m'abandonnerait maintenant ! Non, non, je vis en la foi du Fils de Dieu qui m'a aimée.

Cet amour éternel et si gratuit est la raison de tout ce qu'il a fait pour moi. Le Père m'a aimée et il m'a donné son Fils ; Le Fils m'a aimée et il s'est livré pour moi. Aussi l'Apôtre qui avait reposé sur le cœur de son maître, disait des incrédules (et on doit le dire, proportion gardée, des âmes de peu de foi): *Ils n'ont point cru à la charité !*

O hommes ! croyez seulement que Dieu vous aime et tous les mystères sont admis : car, si l'homme, un être d'un jour et si faible, accomplit, quand il aime, de si grandes choses, et tenterait l'impossible, un Dieu qui aime ne ferait rien au delà de nos pensées ? Ah ! sans le comprendre, je ne suis plus surprise qu'il descende jusqu'à moi, qu'il se fasse mon frère et l'époux de mon âme, qu'il se charge d'expier mes fautes, qu'il veuille souffrir et mourir pour moi : il m'a aimée ! Je vis donc en la foi du Fils de Dieu qui m'a aimée et qui s'est livré *lui-même* pour moi.

Mais cet amour était plus grand que ses souffrances, et il est mort avec la soif de souffrir !

O amour ! vous serez satisfait. Que mon cœur s'unisse à son cœur et qu'il le soulage ! Que je partage sa tristesse, son agonie !... Accomplissez en moi ce qui reste des souffrances du Fils de Dieu pour son corps qui est l'Église.

Amour ! je ne crains rien ! Je puiserai la force dans ses

plaies, je connaîtrai, en souffrant, combien il m'a aimée. Son délaissement intérieur, l'abandonnement de son Père, me rassureront dans un état semblable ; et, en mourant, je dirai : *Je vis en la foi du Fils de Dieu qui m'a aimée et qui s'est livré lui-même à la mort pour moi!*

Je me suis trop étendu, Mademoiselle, mais je voulais vous dire de nourrir votre âme de tout ce qui est renfermé dans ces paroles. Relevez-la doucement de son abattement, comme une infirme pour laquelle on a de grandes attentions. Ne cherchez point à lui faire produire certains actes d'amour, par exemple, que ne comporte point son état. Dit-on à une pauvre infirme de courir? Prenez-la dans l'état où elle est. Elle est dans la peine, la peine a ses douceurs. Voyez Jésus-Christ, soyez-lui unie comme une épouse dans cette peine qui vous est commune. Oui, alors l'amertume aura sa douceur.... Cependant, comme vous êtes un peu portée à la tristesse naturellement, peut-être même à la mélancolie (me pardonnez-vous de vous parler ainsi?) il sera bon d'incliner votre âme vers un état contraire.

Mais voilà que je vous donne des avis comme si vous n'aviez pas ce bon père R..! Vous regarderez comme non dit ce qui s'éloignerait tant soit peu de sa direction. J'aurai fait preuve de bonne volonté; ce ne serait rien, si je ne priais pour vous. J'offrirai demain le saint sacrifice pour vous et pour toute votre famille. Je ne vous dirai pas ce que je demanderai pour vous, cette lettre vous le dit assez. J'espère aussi que quelquefois vous me recommanderez à Dieu.

Je suis avec respect, etc.

II

A LA MÊME PERSONNE.

Quimper, maison de Saint-Joseph, 10 octobre 1844.

Ma fille,

Vous êtes trop présente à mon souvenir pour avoir besoin d'y être rappelée.

Je pensais bien que vous prieriez pour moi le jour de saint François, comme je l'ai fait pour vous le jour de sainte Claire; et ces deux jours ne sont que pour renouveler devant Dieu cette pieuse union de prières qui date d'Avignon, voilà déjà des années.

J'espérais vous trouver à Paris au mois d'août, et je m'en faisais une fête. J'avais à vous parler de ma reconnaissance; et, comme je présumais que vous ne m'auriez guère entendu là-dessus, nous aurions parlé de vos peines intérieures.

Vous le dirai-je enfin ? Toutes les fois que vous me parlez de ces peines, il me semble lire au fond de votre âme et que quelque chose me dit : *C'est ta fille, console-la.*

Comme les Clarisses sont appelées à une grande pauvreté extérieure, Dieu vous appelle, ma fille, à un grand dénûment intérieur, à n'avoir rien.

Mais cette pauvreté d'esprit n'est-elle pas une béatitude et la première de toutes? Ne séparez jamais cet état d'âme des paroles qui suivent immédiatement : *Parce que le royaume des cieux est à eux.* Sur cette terre, ils sont associés à l'état d'âme du Dieu-Sauveur, à son dénûment devant Dieu, et c'est déjà bien quelque chose, ma fille.

D'autres verront la crèche ; votre état vous appelle à voir, à contempler le dénûment intérieur ; et là apprenez que Jésus-Christ est pauvre de cœur.... puis, vous voyez le royaume du ciel dans le ciel.

Je vous porte un bien grand intérêt, mais je ne vous porte pas du tout de compassion. Je souris de l'indifférence de cette bonne Claire, quand elle dit : Je n'éprouve ni consolation ni joie, pas même à retrouver un père.... Pauvre enfant ! Mais c'est tout simple. Allez remercier Dieu.

Il est une autre béatitude dans laquelle il faut bien que vous entriez aussi : *Bienheureux ceux qui ont faim et soif de la justice, parce qu'ils seront rassasiés !* Mais en attendant sont-ils heureux ? Oui, ma fille.

Dans le ciel il y a rassasiement et désir. Il faut le rassasiement pour le bonheur, et il faut en même temps le désir pour qu'il n'y ait pas de dégoût.

Sur la terre, il y a faim, désir. Vous désirez, ma fille ; mais il n'y a pas de rassasiement, il y a encore faim et soif.

Cette faim et cette soif, pourtant, sont une preuve que Dieu donne, au fond et comme à notre insu ; car, si Dieu ne donnait pas, comment désirer ?

Il y a donc, dans cette faim, dans ce désir, un commencement de rassasiement, qui excite et augmente encore cette faim, pour que Dieu donne, donne davantage.

Heureuses ces âmes !... Heureuse Claire !... Méditez, ma fille, ces béatitudes en saint Matthieu (chapitre v). Vous les trouverez dans l'Évangile de la Toussaint.

Si vous venez, quand vous serez libre, nous causerons un peu de tout cela. Vous pourrez loger chez les dames du Sacré-Cœur qui sont ici tout près de Saint-Joseph.

Je suis trop pressé pour vous en dire davantage. Je voulais seulement que vous sussiez bien que Dieu me fait la grâce de vous comprendre, et vous prier d'agréer les sentiments pleins d'estime, de respect, et de reconnaissance avec lesquels

Je suis en N.-S., etc.

III

A UNE SUPÉRIEURE DE COMMUNAUTÉ.

Lyon, 15 août 1835.

Je ne m'oppose nullement, en ce qui me concerne, à ce que le P. Roger vous donne une retraite. Vous aurez, pour cela, à vous adresser au P. Druilhet, supérieur de la maison, rue Sala, n° 14, à Lyon, à qui il appartient d'envoyer le P. Roger. Mais ni le P. Roger, ni aucun autre père de la Compagnie ne peuvent toucher à vos Constitutions.

Si vous avez là-dessus des peines de conscience, c'est à vos supérieurs que vous devez vous en ouvrir, je veux dire à votre confesseur d'abord, ensuite au supérieur, fondateur de votre congrégation, et enfin à Nosseigneurs les évêques dans le diocèse desquels vous êtes établies.

Voilà l'ordre de la divine Providence : eux seuls, sur des questions du genre de celles que vous me soumettez, ont autorité et grâce pour vous éclairer, vous décider et vous consoler. Notre devoir à nous, dans les retraites, que nous ne pouvons donner d'ailleurs que d'après le consentement, au moins présumé, des supérieurs, notre devoir est, non de faire des règles, mais d'expliquer les règles établies et de porter à les mettre en pratique. Notre ministère se borne là uniquement.

Je vous garderai le secret que vous me demandez, personne ne verra votre lettre ; mais j'ai dû montrer cette réponse au supérieur de la maison de Lyon. Il se peut qu'elle soit bien différente de celle que vous attendiez. Hélas ! je ne puis faire autrement. Je suis comme un prêtre qui n'aurait pas le pouvoir de confesser ; on s'adresse à lui, il répond qu'il n'a pas les pouvoirs et il montre ceux qui les ont. Peut-on lui en vouloir ?

Adressez-vous, ma révérende mère, à vos supérieurs ; ce sont eux que Dieu a établis pour les difficultés que vous éprouvez. Voyez Dieu en eux ; ne cherchant que Dieu, vous vous expliquerez avec une entière franchise, sans manquer au respect que vous leur devez. Dieu sera dans votre bouche, vous aidant à vous expliquer. Dieu sera dans leur cœur, pour accueillir vos paroles, vous éclairer et vous consoler.

Je le demanderai à Dieu, par sa très-sainte Mère, d'autant plus que c'est tout ce que nous pouvons faire.

IV

AU R. P. G.... POUR SA FÊTE.

Lille, 11 mai 1853.

Mon révérend père,

C'est demain la Saint-Achille et je m'unis à tout ce qui vous entoure, pour dire encore comme autrefois : *La Saint-Achille, ah! quel beau jour !*

Le bouquet que je vous destine est au trésor du procureur et quand je pense à notre vieille amitié, le cœur me dit : *Quantùm potes tantùm aude....*

Vous m'avez fait espérer que vous nous visiteriez. Veuillez me prévenir de ce jour heureux; car, si j'allais être absent, comme la semaine prochaine où je donne la retraite d'ordination à Nancy !...

Voilà, ci-inclus, un cachet de première communion que j'ai eu la tentation de retenir. Vous me le pardonnez, cher père. Plus raisonnable, j'ai compris que ce souvenir vous était trop doux pour vous l'enlever ; *précieux souvenir!* Oui, lors même qu'on aurait été infidèle. Qu'est-ce donc pour la fidélité?

Priez pour moi, mon révérend père, et aimez-moi toujours un peu.

V

AU MÊME.

Lille, 4 août 1864.

Mon révérend père,

Vous me remerciez de vous avoir envoyé l'historique de notre magnifique fête lilloise ! C'est moi, au contraire, qui dois vous remercier : *Melius est enim dare quam accipere.* Vous me parlez de procureur. Allons donc ! point de procureur entre nous deux.

Nous lisons aussi au réfectoire le Clément XIII et le Clément XIV. Oh ! oui, le P. de Ravignan a été bien inspiré. Il fallait ces deux pontificats pour la gloire du Saint-Siége, et pour bien comprendre toutes choses. Le pontife, qui meurt à la peine, prépare l'âme à la compassion pour l'autre pontife qui mourra aussi, mais de douleur. Et tout cela est dit sans emphase ni amertume. C'est le calme et l'impassibilité d'un juge qui se recueille. Si l'histoire est le premier jugement de Dieu, c'est bien ici : *Liber scriptus proferetur.*

Je serais allé bien volontiers m'édifier avec vos chers scolastiques pendant leur retraite, mais je suis engagé pour tout le mois de septembre et au delà. Je pars de Lille le 15 août au soir. Il sera bien nuit quand je passerai près d'Amiens. Alors, cher père, je saluerai votre bon ange qui veillera près de vous sur votre sommeil, et je le prierai de vous bénir.

Je communiquerai au P. Bertrand la partie de votre lettre qui le concerne.

Et moi, mon révérend père, je regrette de ne pas vous avoir rappelé un trait édifiant sur le P. Ronsin [1] et un autre sur le P. Varin [2].

Vous savez qu'une des choses qui m'ont le plus coûté au cœur dans une période de six ans [3], ce fut quand je me vis obligé de dire au P. Ronsin qu'il avait à quitter pour toujours Paris et qu'il exercerait le saint ministère bien loin de cette ville, en province. Mgr de Quélen le demandait; mais il voulait que je prisse sur moi seul l'odieux de cette mesure. Au milieu des œuvres qu'il faisait à Paris, et malgré ces liens chers et sacrés qui l'attachaient à tant d'âmes, le P. Ronsin fut sublime d'obéissance : pas un mot, pas la plus petite observation. Je pourrais dire qu'il fut aussi sublime d'amitié pour moi dans cette circonstance : il m'embrassa avec effusion. Il partit de suite pour Toulouse, et, depuis, jamais de retour sur ce sacrifice; jamais rien, pas un mot pour revenir à Paris.

Vous savez aussi combien de liens chers et saints retenaient le bon P. Varin dans cette ville de Paris, où étaient des œuvres dont il était toujours l'âme et la vie. Eh bien! il est venu me dire plus d'une fois : « Mon révérend père, je suis à votre disposition, parlez et je quitte Paris, rien ne m'arrête, l'obéissance est tout pour moi. » Et quand je n'étais plus

---

[1] *Notices historiques sur quelques membres de la Société des PP. du Sacré-Cœur*, etc., t. II, p. 19.

[2] *Vie du P. Joseph Varin*, par le P. A. Guidée. Douniol, 1860.

[3] Le P. Renault parle ici des six années de son provincialat.

son supérieur, il m'a dit : « Croyez-vous qu'il y aurait plus de gloire à Dieu si je quittais Paris?... »

Ce que l'un avait fait en réalité, l'autre le faisait en préparation de cœur.

Non, de tels exemples ne doivent pas être perdus pour nous !

Respects et amitiés, etc....

VI

A UNE SUPÉRIEURE.

Lille, 19 novembre 1855.

Ma révérende et bien bonne mère,

Je vous remercie de votre lettre du 12 ; car si elle renferme des choses tristes, c'est pour moi une consolation que de les partager avec vous, et je pense que c'en est une aussi pour vous de vous ouvrir à moi sur ces peines.

Notre-Seigneur, au jardin des Olives, ne dédaigna pas le secours de l'ange qui le *fortifiait*, dit l'Écriture ; c'était une leçon pour nous.

Combien je désirerais être pour vous, ma bonne Mère, un ange de consolation, et de force, et de bon conseil !

VII

A LA MÊME SUPÉRIEURE.

Lille, 16 décembre 1855.

Ma révérende et bien digne mère,

La paix et l'amour de N.-S.

Oui, la paix toujours : quand ce ne sera pas la paix des consolations, ce sera la paix de la patience, cette paix que Notre-Seigneur souhaitait à ses apôtres, au milieu des épreuves qui les attendaient : Vous *posséderez*, leur disait-il, *votre âme dans la patience !*

Que de choses en ces trois mots : *posséder son âme dans la patience !* Combien il y a là de vertus exercées, de mérites acquis et d'espérances fondées, pour l'avenir d'une œuvre !

Lisez quelques numéros des chapitres xxviii, xxix et xxx du IIIe livre de *l'Imitation*, en élevant doucement votre cœur vers Dieu.

Recommandez tout à la sainte Vierge.

VIII

A LA MÊME SUPÉRIEURE.

Ma révérende mère,

La volonté de Dieu s'est fait connaître. C'est vous qu'il a choisie.... Sans doute que vous devez vous en humilier devant Dieu, mais notre confiance en lui doit être à l'égal des humbles sentiments que nous avons de nous-même. Prions, faisons bonnement et simplement ce que nous pouvons ; Dieu fera le reste. S'il faut des miracles, les miracles ne lui coûteront pas.

La première chose à faire, c'est de mettre les cœurs au large, de dilater les âmes. Dans une allocution à toute la communauté, épanchez votre cœur de mère sur toutes vos sœurs, que Dieu vient de vous donner pour filles. Oui, regardez-les maintenant comme des enfants, comme vos enfants. Prenez pour elles un cœur de mère, un cœur tendre, prévenant, toujours ouvert, compatissant, sans acception des personnes, si ce n'est que vous serez encore plus mère envers celles de vos filles qui seront plus faibles ou plus éprouvées que les autres.

Voyez les mères selon la nature, comme leurs entrailles sont émues à la vue des maux de leurs enfants. Or, la grâce est supérieure à la nature ; les mères que forme la grâce sont encore plus tendres, plus fortes, plus généreuses pour faire le sacrifice d'elles-mêmes.

Oh ! que le devoir que vous avez à accomplir est beau, et qu'il sera doux à un cœur comme le vôtre !

Vous verrez chaque novice en particulier ; vous ouvrirez à chacune votre cœur de mère, pour qu'elle vous ouvre, à vous sa mère, son cœur d'enfant. Vous répandrez dans son cœur le baume, l'huile, la lumière, selon ses besoins....

Ne quittez pas la maison de.... avant d'y avoir ainsi répandu le bonheur....

Priez pour moi, je prie pour vous. Dieu fera seul avec vous. Tenons-nous dans cet ordre de Providence qui éloigne et qui rapproche, qui afflige et qui console.

Post-scriptum. — Votre conduite à l'égard de M*** a été bien ce qu'il fallait.

Et vous de me dire : Quelle tâche pous moi, mon père ! Oui ma fille ; mais c'est Dieu évidemment qui vous a mise là, impossible d'en douter, et quand Dieu est avec nous, on est bien fort. Il suffit alors de se tenir entre ses mains et uni à son cœur, comme un instrument souvent actif, mais toujours docile ; n'agissant qu'avec lui et sous la dépendance de son esprit.

Priez. soyez humble, ayez confiance, consultez au besoin, mais gouvernez par vous-même sous l'autorité de Monseigneur...

Non, ne vous laissez pas influencer ; soyez vous, et pas un autre ; car c'est vous, toute faible que vous êtes, que Dieu a choisie.

Ah ! je vous en supplie, ayez confiance.... ce sera pour moi une grande consolation que de vous revoir.

Je finis par ces trois mots : prier — faire ce que l'on peut — et attendre tout de Dieu. Cela, dans la paix, et avec confiance, avec cette confiance qui obtient tout.

Je me recommande à vos prières, ma bonne mère.

IX

AU R. P. G....

Paris, le 27 octobre 1860.

Mon révérend et bien cher père,

N'êtes-vous pas étonné de ne recevoir de moi pas un mot de réponse? Car les livres que vous avez bien voulu m'offrir étaient une lettre qui me rappelait de bien chers souvenirs et m'assurait pour toujours de votre bonne et vieille amitié. Et je ne vous ai rien dit, pas même merci! C'est que je n'ai reçu que depuis peu de jours seulement la Vie du P. Varin et la Notice sur les autres pères est encore à me venir de Vaugirard.

Merci, mon bon père, vous ne m'auriez pas donné ce nouveau témoignage de vos bontés, vous en avez assez fait pour que je vous demeure à jamais attaché. Je crois que vous n'en doutez pas. Vous me l'avez dit un jour. Et voyez ce que c'est: j'aime encore, j'aime toujours à vous le dire.... Comment allez-vous? Vous ne venez plus à Paris. Pourquoi donc? Tout le monde serait si content de vous voir! Mais je veux que vous croyiez que personne ne le serait plus que moi.

Je demande donc, etc.

X

A UNE DAME VEUVE.

Je suis loin, très-loin, de penser que les désirs que vous avez d'être religieuse ne viennent pas de Dieu ; mais il est des désirs que Dieu inspire et dont il ne demande pas toujours l'entier accomplissement. Si votre état de santé vous permet de faire une tentative, je ne m'y oppose pas, mais si un médecin prudent vous dit que c'est une témérité, je ne puis pas prendre sur moi de vous le conseiller. Demandez à Notre-Seigneur de vous donner la santé nécessaire pour faire ce qu'il vous inspire.

Que dirai-je maintenant à votre deuxième question ? Voir Dieu en tout ce qui arrive, aller de tout à Dieu. Toutes les contrariétés servent à nous détacher de ce qui n'est pas Dieu, à purifier l'âme de plus en plus, à l'unir à Dieu seul, ne voyant plus les personnes et les choses qu'en Dieu. Notre-Seigneur disait à ses apôtres : *Il vous est expédient que je m'en aille, car, si je ne m'en vais pas, l'Esprit-Saint ne viendra pas en vous.*

Je suis, etc.

XI

A LA MÊME

Pour la consoler de n'avoir pas pu entrer en religion à cause de sa santé.

Le sacrifice que Dieu vous demande, ma chère fille, est plus grand que celui de la profession. Ces bons désirs qu'il vous avait inspirés, il vous en demande le sacrifice, ou au moins l'ajournement pour un temps que lui seul connaît. Je me représente saint François Xavier à qui Dieu avait inspiré d'aller en Chine, et qu'il arrête quand il était sur le point d'y entrer. C'est l'holocauste parfait. Oh ! non, ma chère fille, vous n'êtes pas pour cela rejetée de Dieu. Je ne connais pas ses desseins sur vous, mais je signerais de mon sang que tous ses desseins ont été des pensées de miséricorde et d'amour.

Tout ce que vous avez à faire maintenant, c'est de soigner votre santé, sans vous préoccuper de quoi que ce soit, de faire tout ce que l'on vous dira, soumise en tout, comme un enfant, au médecin, à votre père, à votre mère, soumise surtout et abandonnée en tout entre les bras de votre Père céleste, vous reposant dans le cœur de Notre-Seigneur et de sa très-sainte

Mère. Vous lui direz : *Seigneur, vous pouvez me guérir, si vous voulez.* Et vous ajouterez : *Mais, que je vive ou que je meure, je serai toujours à vous et à vous seul, ô Jésus; car il n'y a plus que vous pour moi sur la terre et dans le ciel.*

Je suis, etc.

XII

A UNE DAME.

Ce qu'on appelle direction spirituelle est, pour vous, ce qu'il y a de plus simple. Vos devoirs de chrétienne, vous les connaissez : les commandements de Dieu qui obligent toujours, les commandements de l'Église qui obligent aussi, à moins qu'il n'y ait une bonne raison qui dispense ; recourir à l'autorité. — Vos devoirs d'état : les bien remplir aussi en vue de plaire à Dieu.... En tout cela, allez bonnement et simplement.

Vous trouverez, dans la pratique de tous ces devoirs, à exercer l'humilité, la patience, le renoncement à vous-même, la mortification et la divine charité. Je n'insiste sur aucune de ces vertus en particulier, dans la crainte de vous embrouiller.

Ce que je vous demande surtout, c'est une vraie charité ; pensez toujours bien des personnes, supposez toujours une bonne intention : les personnes peuvent se tromper sur les moyens ; mais quand la chose employée n'est pas mauvaise, la bonne intention sauve. Dieu seul voit et juge le fond des cœurs....

Je suis heureux d'apprendre que votre petite fille va toujours bien. Déjà elle vous tient compagnie. Soignez son éducation : plus tard vous en recueillerez les fruits qui feront votre bonheur.

Je reviens encore sur la divine charité ; soyez toujours bonne envers tout le monde ; dans la famille, soyez aimable, prévenante, sans chercher précisément à plaire ; soyez obligeante et dévouée, aux dépens même de vos aises et de ce qui vous serait plus commode.

Je suis, etc.

XIII

A UNE DAME.

Oui, voilà encore une année ; chargeons-la de mérites pour le ciel. La pratique est bien facile, avec un esprit de foi. Faites ce que vous faites, avec la pensée et le désir de plaire en cela à Dieu. Ces devoirs d'épouse, de mère, de sœur, sont précisément ce que Dieu demande de vous ; les devoirs de société aussi. Il est des choses de convenance que vous ne pouvez omettre. Soyez une dame de votre rang, de votre âge, de votre position ; mais toujours, en cela, soyez une vraie chrétienne, sans affectation, en ne faisant ni trop ni trop peu.

Mettez, dans tous ces devoirs, la pratique des vertus, tantôt l'une, tantôt l'autre, selon le besoin et les circonstances.

Ne vous embrouillez point : allez bonnement et simplement, avec l'intention de plaire à Dieu renouvelée de temps en temps.

Je suis, etc.

XIV

A UNE DAME.

Je désire que vous ayez une piété solide et bien entendue, vos devoirs d'état avant tout. Ces deux choses doivent aller ensemble ; la piété sanctifie les devoirs d'état. Soyez aimable et prévenante envers votre mari. Il vous laisse toute liberté pour vos exercices de piété ; montrez-lui, en retour, par vos attentions, vos prévenances, par l'accomplissement de tous vos devoirs envers lui, montrez-lui ce que c'est qu'une femme chrétienne ; il ne pourra qu'en être édifié. A l'occasion, reportez-le doucement vers Dieu, qui est le roi des rois et demande aussi son service.

Je ne vous dirai pas d'aimer votre petite fille ; mais ne la gâtez pas. Vous me disiez un jour que vous vouliez qu'elle vît toujours en vous sa meilleure amie. Vous êtes bien plus que cela : vous êtes mère ; et elle est pour vous bien plus qu'une amie, c'est votre enfant. En grâce, ne changeons pas la nature des choses ; rien n'est au-dessus.

Quand elle prend des leçons de ses professeurs, soyez toujours là ; que ce soit une condition de rigueur, sans laquelle point de leçons....

Tout ce qui va à vous troubler, renvoyez-le comme une tentation dangereuse. Tout ce que vous faites, faites-le, en dernière analyse, pour le bon Dieu.

Voyez en Dieu un père. Allez avec simplicité, paix et confiance.

Je suis, etc.

XV

A UNE DAME.

Non, tout n'est pas rose dans la vie. Mais quand il s'y rencontre des épines, et même beaucoup d'épines, rappelons-nous alors que c'est la pénitence imposée à chacun de nous. N'a-t-il pas fallu que Notre-Seigneur lui-même souffrît ? Voyez tous les saints... le ciel en est le prix....

Vous me permettrez de vous recommander toujours une certaine attention sur vous-même dans les conversations, pour ne point vous laisser aller à dire, par une sorte d'entraînement, ce qui ne serait pas toujours assez selon la vérité ou la divine charité. Du reste, soyez gaie, aimable, prévenante.

Pour ce qui vous concerne personnellement : humilité, sans doute, mais toujours grande confiance en Dieu ; et d'autant plus que vous voyez moins d'appui en vous-même. Je ne vous demande pas d'autres pratiques de pénitence que celles qui se trouvent dans le parfait accomplissement de vos devoirs d'épouse, de mère, de sœur..... Là se rencontrent assez souvent la mortification des sens et le renoncement à soi-même.

Confiance toujours. J'espère que vous chanterez éternellement les miséricordes du Seigneur.

Je suis, etc.

FRAGMENTS

TIRÉS DES LETTRES DU P. RENAULT.

XVI

A UNE PERSONNE PIEUSE.

Dieu vous a fait votre position, ma fille, vous n'en êtes pas moins à lui ; vous êtes à lui d'une autre manière que bien d'autres, mais qu'importe ? Il y a le lis des parterres et le lis des vallées. Ce dernier est la figure du divin modèle. Mettez toute votre perfection à prendre les choses comme elles viennent, *et à aller de tout à Dieu.* Toute la gloire de Marie venait de son cœur...

Vous me parlez de l'imagination, ma fille ; le bruit qui se fait dans le calme, pendant la nuit, par exemple, n'est pas plus grand, mais il a plus de retentissement. Soyez en paix, paix de raison et de foi, dans la paix de celui qui se renferme chez lui en sûreté, pendant la tourmente qui est au dehors. Regardez tout cela comme choses qui sont hors de vous ; diversion, mépris. *Heureux ceux qui ont faim et soif de la justice, parce qu'ils seront rassasiés !* Dans le ciel, il y aura rassasiement et pourtant désir toujours, désir rassasié ; sur la terre, Dieu donne le désir, c'est la vertu au fond ; mais il ôte le goût, le sentiment, il permet la tentation contraire.... O sagesse ! il rassasie, en excitant la faim. Que ces béatitudes sont belles à méditer ! Ma fille, pendant votre retraite, ayez toujours un sujet de méditation, où se trouve votre Sauveur, son divin cœur.... puis, je vous laisse. Un même sujet peut suffire tout un jour, et dans un même jour une seule pensée, encore quelquefois rien de bien distinct ; mais on est content au fond....

Oui, la paix pour vous, la paix et l'abandon à l'action de Dieu en vous et par vous, en l'union du cœur de Jésus et l'oubli de vous-même. Et à l'extérieur, faire ce que votre position demande au milieu des occupations : tout à Dieu, tout aux autres, tout à vous-même ; cela se fait bien simplement. (*Imitation de J.-C.*, livre III, chap. XXV, XXXVII.1)

Aux pieds de Notre-Seigneur, ces distractions de pure légèreté d'esprit ne vous nuiront pas ; au contraire, elles vous donneront sujet de vous humilier et d'admirer la bonté de Dieu, qui se trouve malgré cela honoré par votre visite. En effet, votre tranquillité extérieure lui dit assez qu'il en serait de même de l'imagination, si vous pouviez l'arrêter. Mais elle est, elle, la Marthe du logis, qui va d'ici, qui va de là, pendant que Marie demeure toujours devant les deux points fixes qui lui sont montrés. Priez ainsi pour l'Église.... Ma fille en Jésus-Christ.... Vous m'êtes souvent présente devant Dieu. Ces paroles de Notre-Seigneur : Quand deux ou trois personnes seront assemblées en mon nom, je serai au milieu d'elles, ces paroles sont encore vraies lorsque les personnes sont éloignées l'une de l'autre, mais que l'esprit de Jésus-Christ les unit. L'immensité de Dieu est alors comme une glace, où elles se revoient malgré les distances. Saint Ignace disait à saint François Xavier partant pour les Indes : « Soyons toujours unis à Dieu qui est partout, nous nous retrouverons ainsi toujours unis en sa divine présence. Voilà pourquoi je puis être aussi longtemps sans vous écrire. »

En contemplant des yeux de la foi tous ces bouleversements, et la sagesse humaine à bout, obligée, bon gré mal gré, si elle veut reconstruire solidement, de remettre pour base à l'ordre social la religion révélée, je suis bien sûr que nous nous rencontrons dans une même pensée. Nous adorons, nous admirons, nous espérons. Nous adorons la justice de Dieu qui passe ; nous admirons cette sagesse qui punit par où l'on a péché ; et nous espérons, car la miséricorde attend que l'on prie. Enfants de l'Église, prions pour elle et pour son chef ; Français pour notre patrie et aussi pour l'Europe, qui s'ébranle toujours plus ou moins de tout mouvement politique qui se fait chez nous. Prier, agir et souffrir dans cette vue, embrasser tous les partis par un certain amour général qui les rapproche et mettre au-dessus de tout la gloire de Dieu, la liberté de son Église : tout cela sans sortir des conditions où vous êtes placée, et en union avec le cœur de Notre-Seigneur. Prier : quelquefois il y aura abondance de sentiments, quelquefois sécheresses ; d'autres fois distractions, une autre fois plus d'idée, absence d'esprit ou somnolence.

Prenez votre âme dans l'état où elle est, *allez de tout à Dieu*; il y a des vertus propres de chaque état ; on ne va pas de la même manière, mais on va. Je vous donne à méditer ces paroles de saint Paul dans son Épître aux Romains : « Et
« l'esprit, l'esprit de Dieu, aide notre faiblesse, parce que
« nous ne savons pas ce que nous devons demander à Dieu
« dans nos prières, pour le prier comme il faut ; mais le
« Saint-Esprit même prie pour nous par des gémissements
« ineffables qu'il produit en nous ; et celui qui pénètre le fond

« des cœurs, entend bien quel est le désir de l'esprit. » Nous voudrions bien prier; mais nous ne savons : offrons à Dieu ce bon désir et notre impuissance ; demeurons là à ses pieds.

Éducation.

J'ai reçu avec plaisir votre travail sur l'éducation et l'instruction, dont j'aime encore à vous rappeler le canevas : objet propre de l'éducation et celui de l'instruction. Les avantages de l'une et de l'autre. Laquelle est préférable à l'autre ? Exemples : deux jeunes personnes, l'une instruite, mais en qui l'éducation fait défaut, l'autre parfaitement appliquée à ses devoirs et vertueuse, mais à qui l'instruction manque. La perfection : une jeune fille qui réunit les deux choses, de manière cependant que la vertu en elle relève et embellit tout.

Il y a, dans ce que vous m'avez envoyé, de bonnes idées, mais elles ne sont pas assez développées. Dans vos moments de loisir, si vous en avez d'ici les vacances, et surtout pendant ces vacances, vous pourriez compléter votre travail ; il me faudrait au moins une bonne douzaine de pages.

L'objet propre de l'éducation vous inspirera, il suffit de réfléchir un peu. L'éducation a pour objet la conscience à former, le caractère aussi... L'éducation a le cœur à diriger, l'imagination à régler, les passions à maîtriser. L'éducation est la science pratique de la vie ; elle a pour objet les devoirs envers Dieu, envers le prochain et envers soi-même. C'est l'homme moral formé et élevé à la hauteur de la fin pour laquelle il a été créé.

L'instruction est la culture de l'esprit, ce qui l'orne de connaissances utiles et agréables : la littérature, l'histoire, la géographie, les langues, les sciences, les arts ; par exemple, le dessin, la musique.

Mais qu'est-ce que tout cela, si le caractère n'est pas formé, sans un bon cœur ? Qu'est-ce que tout cela sans la conduite, l'application, l'ordre et la politesse, le maintien, oui, le maintien qui sert tant à la modestie dans une jeune personne? Qu'est-ce que l'instruction, sans la pratique des vertus et l'accomplissement de ses devoirs d'état ?

Vue de Dieu.

Une certaine vue de Dieu, qui est plutôt une pensée du cœur que de l'esprit, voilà, ma chère enfant, votre grande affaire pour la pratique des vertus et pour la perfection. Tendance du cœur, qui n'est pas une pensée toujours actuelle, mais une disposition de l'âme qui vous reporte vers Dieu et vous fait pratiquer ce que Dieu demande ou produit en vous un effet de grâce, par exemple : cette vue de Dieu, cette tendance de votre cœur vers lui. Si vous êtes triste, elle vous console ; êtes-vous dissipée intérieurement, elle vous recueille ; vous êtes trop active, elle vous modère, etc., etc. Elle vous unit doucement à Dieu dans l'action. C'est l'alliance de la vie active et de la vie contemplative ; c'est la vie de Notre-Seigneur Jésus-Christ.

Carême.

Toute la gloire de la fille du roi vient de son cœur ; de son cœur uni à celui de Notre-Seigneur Jésus-Christ, son Dieu et son époux. Allez, ma fille, avec lui dans le désert et dites avec lui et toute l'Église : *Audi, benigne conditor.*

Vous l'accompagnerez au jardin des Olives : *Vexilla regis prodeunt....* puis vous vous tiendrez près de sa sainte Mère : *Stabat mater dolorosa.*

Maladies.

C'est là votre part, et c'est Dieu qui vous l'a faite.

Être malade, voilà *votre devoir d'état* pour le moment. Vous êtes malade, soyez malade : *Age quod agis...* Pratiquez les vertus des malades et non celles de votre vie active habituelle. Toute votre spiritualité en ce moment doit être de vivre de ce que vous appelez la *vie animale*. Vous soigner, manger, dormir, ne rien faire de ce qui pourrait tant soit peu vous fatiguer. Vivre de cette vie pour le bon Dieu, voilà le secret d'être toute au Sacré-Cœur de Jésus, aux vôtres, au prochain, à vous-même.

Activité.

Mais que puis-je faire pour le bon Dieu ? Je vous entends, je sais très-bien que pour agir vous n'êtes pas libre. Mais si M. votre père trouve que vous en faites assez, s'il aime mieux vous avoir là près de lui; de même, si le bon Dieu, qui est bien votre premier père, vous veut près de lui, pour lui tenir compagnie dans ce sanctuaire intérieur de votre âme; si, pour avoir raison de votre activité naturelle, il envoie des empêchements ou des maladies qui vous arrêtent bon gré mal gré; eh bien ! votre office est de vous tenir là, disposée à faire ce qu'il voudra, comme il voudra, quand il voudra; prier, agir, et j'ai ajouté souffrir. Vous me direz : « On me gâte, on est aux petits soins pour moi, on m'observe, et dans les choses qui échapperaient aux regards, je trouve un autre père qui me retient encore. » Bien; mais d'abord, si Dieu voulait des pénitences, il vous aurait donné une autre santé; il a donné lui-même la pénitence et je ne vois rien à y ajouter que l'obéissance, la soumission d'esprit, qui donne le mérite des pénitences qu'on ne fait pas et qui surtout fait de nous l'holocauste parfait, en immolant à Dieu, à sa plus grande gloire, ce qu'il y a de plus intime en nous : notre volonté propre, notre jugement propre, et peut-être jusqu'aux saints désirs qu'il vous inspire lui-même.

Et les difficultés que vous m'apportez confirment ce que je dis. Cet isolement spirituel, c'est comme s'il vous disait : Je serai tout pour toi; je puis te suffire moi seul. Cette voix intérieure qui vous répète : Vide de tout, prête à tout, est une grâce qui explique la première et en est la suite.

L'imprévu, qui ne suppose rien de fixe, est pour vous la grâce d'abandon entre les mains de Dieu. Ma fille, remerciez Dieu, humiliez-vous de ses grâces et soyez fidèle.

Patience.

Le fini des vertus et de la perfection même, c'est la patience; quand nous agissons, Dieu nous présente sa grâce comme les fils de l'action; sa grâce est la chaîne du tissu qui se prépare, la trame est notre affaire, et il s'y mêle toujours bien des misères. Quand nous souffrons, c'est nous qui présentons la chaîne, Dieu fait le tissu, il est tout d'or.

XVII

AVIS SPIRITUELS

RECUEILLIS DES CONVERSATIONS DU P. RENAULT.

Vie chrétienne.

La grâce ne détruit point en nous l'œuvre de Dieu; elle transforme seulement les sentiments nobles et purs que sa Providence a formés dans les natures élevées pour les diviniser. Comprenez-vous? Voir, aimer en Dieu ce qu'il veut que nous aimions toujours. Agir par une tendance constante de notre cœur vers son but. Ramener tout à cette grande et sainte simplicité, dans la paix de l'âme et le repos du cœur....

Amitié.

Simplicité et cordialité dans les amitiés pures et saintes. Notre-Seigneur a aimé tendrement ses amis; il n'est pas nécessaire de vouloir être plus parfait que lui. Il leur en a donné de tendres témoignages ; voyez saint Jean sur son cœur, ses pleurs sur Lazare. Je n'aime pas la spiritualité qui étouffe nos sentiments, mais celle qui les épure en Dieu et les rend éternels en lui. Livrez-vous donc sans scrupule, dans l'intimité, non par réflexion, mais quasi sans y penser. Laissez couler de votre âme ce qui s'y trouve, et recevez ce qu'on vous rend comme le doux confluent d'une belle eau, venant d'une même source par des canaux différents et tendant à l'union, pour se perdre dans l'océan de tout bien qui est Dieu. Vous concevez de quelles amitiés je vous parle.

Décision.

Ne perdons pas notre temps à savoir si nous ferons telle ou telle chose d'assez peu d'importance (si nous mettrons un habit gris ou noir, dit saint François de Sales) ; mais nous retirer doucement en Dieu un instant, pour suivre son impulsion, pour faire ce qu'il veut de nous dans le moment. Un directeur ne doit que nous aider à connaître et à suivre la voix de la grâce, quand Dieu nous parle lui-même de cette voix qu'on reconnaît bien, lorsque on l'a écoutée une fois ; il n'est pas nécessaire d'aller demander que faire, surtout quand l'occasion de faire le bien échapperait dans l'intervalle....

Direction.

Pour diriger une âme, il faut connaître sa position, les penchants du cœur, les attraits de la grâce en elle ; c'est le cadre essentiel de l'œuvre de Dieu. Il faut fixer sa position suivant les vues de Dieu, si elle ne l'est pas ; diriger les penchants (non pas les contraindre), les diriger vers Dieu, enfin seconder les attraits de la grâce, afin de mener chacun par sa voie. Votre position n'a rien à changer, vous êtes où Dieu vous veut ; soyez-y ce qu'il veut que vous soyez ; plus à lui par les désirs du cœur que par les actes extérieurs. Faites le bien quand il se présente, mais ne recherchez rien qui vous tire au dehors ; *il y a assez d'âmes pour agir, il y en a peu pour souffrir et prier en union avec le cœur de Jésus.* Menez votre ménage, recevez, rendez les devoirs de famille et de société ; tout cela, en vue de Dieu, sous ses yeux, est bien ; ce sont des conséquences de votre position. Faites toute autre chose que votre désir et votre volonté, c'est tout ce qu'on peut faire de mieux. Et puis, devant Dieu, soyez ce que vous êtes, religieuse de cœur et d'esprit pour aimer, prier, souffrir, et particulièrement dans la vue que vous m'avez dite ; car c'est une des grandes plaies de l'Église, et ses maux doivent nous toucher comme ses enfants fidèles.

Les penchants du cœur, ils sont bien clairs : de l'orgueil, il faut faire le mépris des choses de ce monde et de soi-même, mais aussi une certaine élévation de sentiment qui mène à la générosité en tout : de l'attache à son sens, il faut faire la constance dans le bien. Une volonté ardente est le germe du zèle, et la tendresse excessive du cœur est le germe de l'amour, qui seul peut être sans mesure, celui de Dieu et du prochain en lui.

La voie et le moyen de transformer tout cela, c'est l'attrait de la grâce sur l'âme. Pour vous, c'est évidemment l'amour du cœur de Jésus, centre d'humilité, de douceur, de dévoûment ; que l'union à ce cœur sacré soit donc votre voie. Que ces mots : *Jésus doux et humble de cœur, apprenez-moi à l'être,* soient sans cesse sur vos lèvres et dans votre cœur ! Tout est là, pour vous. Dans l'oraison, allez à Dieu par la lumière quand il vous l'envoie, par les ténèbres quand il la retire ; que votre cœur tende également à lui en tout temps ; c'est tout ce que vous pouvez, le reste est à lui.

Les privations nous sont utiles pour la reconnaître par expérience, ce qui vaut toujours mieux que la spéculation.

Dieu en nous ; nous en Dieu.

Quand nous sommes établis dans l'état de grâce, Notre-Seigneur nous le dit, il daigne habiter nos âmes : *il demeure en nous et nous demeurons en lui.* Il faut le laisser faire ce qu'il veut en nous et par nous et agir nous-même par une sorte de doux instinct de grâce, qui est la docilité à l'inspiration du moment. La simplicité, c'est la fidélité à la grâce actuelle, qui nous fait agir dans l'ordre providentiel, sans aucun retour sur nos vues ou intérêts propres. La vie de Jésus en nous, c'est celle du sarment uni à la vigne : lui-même nous l'a dit ; que pouvons-nous faire autre chose qu'y aspirer de tous nos désirs ?... Il est en nous par la grâce sanctifiante, par la grâce actuelle, par sa présence eucharistique. *Soyons en lui* par une constante et simple coopération à son action, en nous et par nous. *Laisser Dieu agir en nous et par nous,* c'est agir en sa présence bien plus par le cœur que par l'esprit ; *en sa présence* dans une entière simplicité, comme les patriarches conversant avec Dieu, comme les apôtres agissant devant Notre-Seigneur. La nature de l'homme est imitatrice ; connaissant cette disposition, Jésus s'est fait notre modèle ; agissons comme il a agi, lui qui était une seule et même chose avec son Père, lui qu'on ne pouvait voir sans voir son Père, qu'on le voie en nous ! — *Dieu en vous* par sa grâce et son amour, *vous en Dieu,* par la simplicité de votre cœur en sa sainte présence. *Dieu en vous, vous en Dieu,* écoutez ce qu'il vous dit lui-même sur ce point dans le quinzième et seizième chapitre de l'Évangile de saint Jean ; moi, je ne puis que vous dire en deux mots : *Dieu en vous et vous en Dieu.*

Dieu est en nous, mais nous ne sommes pas en nous-même. Il ne nous trouve jamais chez nous, où il demeure cependant. Nous voyons cela en nombre de bonnes âmes. Dieu habite en elles par sa grâce ; mais comme elles sont toujours chez les autres, il ne peut en quelque sorte mettre la main sur elles pour leur faire faire sa volonté. Elles sont pour lui comme ces bons vieux domestiques, bien fidèles, bien dévoués, assurément, mais qui ne se mettent guère en peine des désirs et de la sonnette de leur maître, pourvu qu'ils aient fait le gros du service, à leur mode et se soient réservé la liberté et le temps de participer à tous les cancans du quartier.

Tendance du cœur à Dieu.

Dieu seul suffit, quand on attend tout de lui comme voie, vie et vérité. Du reste, livrez-vous à son bon plaisir pour toutes les occupations extérieures ; pourvu qu'il choisisse pour vous, tout vous sera bon : tendez seulement à lui en toutes choses ; tendez-y comme la pierre à son centre, comme le fleuve à la mer, ou plutôt comme la fleur au soleil, dont elle reçoit tout, sans quitter sa place providentielle : couleur, parfum, vie, tout lui vient du soleil, auquel elle ouvre son calice ; et puis, voilà tout de sa part. Ouvrez votre cœur aux divines influences de l'adorable soleil de justice ; tendez à lui de toute la puissance de votre âme, tendez-y d'une manière constante. Pourquoi varier ? Notre devoir est toujours le même. D'une manière universelle, en toute chose, faire tout en vue de Dieu, *c'est y tendre toujours.* Tendez-y dans l'oraison, dans l'action en tout et toujours enfin. C'est là votre voie, marchez-y et ne vous détournez pas pour d'autres pratiques, et remerciez Dieu de ses miséricordes sur vous. Ne craignez pas de vous livrer à sa conduite et à son amour. Dans l'oraison, suivant l'esprit de l'Église, un mot qui vous frappera dans l'Évangile ou l'office, arrêtez-vous là, ne courez point ailleurs ; puisque ce mot vous dit *tout,* pourquoi chercher autre chose ? Dans les actions, pour s'assurer de l'intention, offrir à Dieu ce que l'on va faire; si on le peut sans aucune peine de conscience, c'est que le bon Dieu le veut bien. Il ne s'offense point de précautions raisonnables pour la santé, parce que la santé est un des moyens ordinaires dont il se sert pour sa gloire, à moins de dispositions particulières de sa Providence. C'est tout ce que Dieu me donne pour vous, allez à lui simplement, doucement, avec confiance. Moins vous aurez d'appui, plus il vous assistera, jusqu'au miracle s'il est nécessaire. Ne vous détournez de votre voie *pour rien, tendez toujours et en tout à Dieu seul.*

Soyez toujours ce que Dieu veut que vous soyez; mais soyez-le simplement. Une simple élévation de cœur vers Dieu; et puis, agissez comme vous le croyez bien dans le moment, sans retour, ni regret après, à moins de faute. Je ne pense pas que vous en fassiez dans les heureux moments de doux zèle où Dieu agira plus en vous que vous-même, si vous êtes fidèle à suivre cette voie de simplicité confiante qui est très-particulièrement la vôtre. Ne craignez pas de suivre l'impulsion de la grâce, et pour la reconnaître, lorsque vous hésitez, suivez toujours le parti où vous verrez plus de *confiance, d'abandon et d'amour* pour Dieu....

Détachement.

Il faut connaître les bornes du détachement dans la spiritualité ; sans doute, il faut nous détacher des créatures, mais pourquoi ? Pour nous unir à Dieu, le détachement est un *moyen* non pas *une fin*. On taille sur un arbre les rameaux superflus ; cependant il faut bien y laisser les branches à fruit, sans quoi il ne produirait rien. Quand donc notre volonté a pour unique séve l'amour de Dieu et celui du prochain, nous sommes par la grâce entés sur Jésus-Christ. Il faut laisser sa vie agir en nous avec une sainte liberté ; car *c'est la gloire du Père que vous portiez beaucoup de fruits ;* il faut donc dilater ces faibles rameaux, les soutenir au lieu de les resserrer et comprimer, pour que la vie de Jésus-Christ s'y écoule et s'y manifeste par des fruits abondants.

Pureté d'intention.

Votre nourriture est de faire la volonté de Dieu en tout ce qu'il vous présente à faire, par vos devoirs journaliers, sans attache à aucune pratique. Faites oraison tant que vous pourrez, mais surtout tenez-vous unie à la volonté de Dieu présent en vous par sa grâce. Voir tout venir de Dieu et aller de tout à Dieu. C'est le grand point pour vous ; cherchez cela dans les deux admirables pages de Bossuet sur l'oraison en foi. Agir ainsi devant Dieu avec une liberté filiale qui n'exclut pas le respect, comme les apôtres le faisaient pendant sa vie mortelle et après sa résurrection, comme vous le feriez en présence d'un bon père, vous regardant faire votre petit ménage ou votre tapisserie devant lui.

Tendre à Dieu par sa grâce, en vue de son amour, non par nos propres mérites, bien entendu ; quand il vous appelle, répondre à sa voix pour lui obéir, sans tant vous mirer pour voir si votre toilette spirituelle est en bon ordre. Aller là où il veut, faire ce qu'il veut, parce qu'il le veut, et sans préoccupation de nous-mêmes, qui ne sommes rien. Nous nous sommes donnée à Dieu, soyons donc à lui pour qu'il dispose de nous à sa volonté.

Être dans le vrai.

Mieux que personne vous devez le comprendre. Il faut préférer le vrai en tout, car Dieu est la vérité ; ce qui est vrai est de lui et y mène. Je vous conseille plus, à cause de cela, Bossuet que Fénelon, si parfait pourtant ; mais il y a toujours exagération dans ses idées, il va souvent au delà du vrai, non pas pour l'*intention*, mais pour l'expression. Bossuet est toujours exact et précis ; on peut le croire sur parole en spiritualité et méditer ses conseils, sans y trouver un sens douteux ; au contraire, la même phrase renfermera souvent une plénitude d'idées admirable, qui peut nourrir l'âme bien longtemps.

Le défaut de connaissance du vrai éloigne beaucoup d'âmes de Dieu et de la piété. Pour la pratique aussi, il faut être dans le vrai ; ne pas croire défendu ce qui est permis, ou toléré ce qui est défendu, et dans le doute pencher vers l'indulgence, avec une droite intention.

S'habituer à agir dans le doute fausse la conscience.

Humilité.

Mon enfant, nulle grâce ne peut nuire à notre humilité, si nous sommes *fidèles*. L'action de Dieu est *en nous*, elle *n'est pas de nous*. Voyez comme tout se concilie en Marie : *son âme glorifie le Seigneur* de l'union sacrée de la divinité et de l'humanité qui s'accomplit en elle ; et cependant elle n'en reconnaît pas moins sa bassesse comme *servante du Seigneur*, elle ne sera appelée Bienheureuse que parce que le Seigneur l'a regardée dans sa miséricorde.

Que pouvons-nous, nous autres serviteurs des âmes ? Les préparer à l'union céleste, quasi comme vos gens préparent le salon, introduisent les élus et puis se retirent dans leur humble position et quelquefois sans goûter aux délices que leurs soins ont préparés à d'autres.

Prudence.

A force de prudence, de douce complaisance, conservez un peu d'indépendance *pour les choses de Dieu :* car votre âme a de très-véritables besoins qui ne peuvent être appréciés par tous, même par vos parents, et que vous ne pouvez prudemment faire connaître. Cela doit rester entre Dieu et vous et vos guides. Usez, afin de vous maintenir dans cette position nécessaire, des ressources naturelles que Dieu vous a données, pour ne froisser personne et conserver cependant vos droits sur vous-même, pour agir en véritable épouse de Jésus-Christ. N'est-ce pas ainsi que fait une épouse prudente, dans le monde, pour concilier ses devoirs envers sa famille et envers son époux ?

Vocation.

Il en est un peu de la vocation comme du daguerréotype. Pour la connaître, il faut s'attacher à découvrir l'image qui se reflète au fond du cœur, lorsqu'on l'a purifié de tout ce qui peut empêcher sur elle l'action de la lumière divine. Quand l'imagination, les considérations humaines agitent la tête, il peut se présenter bien d'autres choses, mais c'est toujours un peu brouillé. C'est l'image qui se présente *habituellement dans le calme des passions*, qui est la vraie.

Oui, une vocation qui semble tout opposée aux penchants naturels, et même aux facultés intellectuelles et corporelles, peut être bonne et vraie.

Cependant, dans le cours ordinaire des choses, Dieu proportionne les moyens à la fin. Quand on voit dans un homme les qualités qui peuvent convenir à un état, il est probable qu'il y est appelé, s'il en a l'attrait, etc. Il peut toutefois en être autrement, et Dieu se plaît à faire éclater la puissance de sa grâce sur les âmes, en subjuguant parfois les natures les plus rebelles sous l'empire de son amour. L'histoire ecclésiastique est remplie de ces exemples. Il faut dans ce cas considérer deux choses, ou plutôt la vocation en deux manières : *a priori*, d'où elle vient, s'il y a eu influence, suggestion, imagination montée, misanthropie, enfin quelque chose d'humain d'une nature quelconque. S'il n'y a rien de cela, que l'inspiration soit forte, constante, il y a lieu d'examiner, et il le faut faire pendant un certain temps. *A posteriori* : si le retour de cette pensée produit la paix et la vertu dans l'âme, si on est meilleur à mesure qu'on y est plus fidèle, il faut que cela vienne de Dieu ; car la nature ne conspire pas contre elle-même, et avec cela je prononcerais en confiance sur une semblable vocation, si toutefois j'avais affaire à une âme forte et généreuse, accompagnée *d'une bonne tête ;* on ne peut cependant se dissimuler qu'il y aura à combattre... moins qu'on ne pense cependant, car la grâce de la vocation fidèlement suivie est bien puissante, et Dieu ne se laisse pas vaincre en générosité ; plus on lui sacrifie, plus il bénit !...

AUTRES AVIS SPIRITUELS.

XVIII

Vie religieuse.

Être religieuse, c'est faire profession des trois vœux qui forment les liens sacrés et volontaires de notre consécration au Seigneur : *Trahe me post te.*

Tirez-moi après vous, Seigneur, par les liens de la charité, de l'amour. L'effet des liens est de tirer d'une part et d'unir de l'autre.

1° Par le vœu de pauvreté, notre âme est *tirée, séparée, détachée* enfin de toutes les choses de ce monde : on n'a plus rien à soi. Remarquez ce mot *détachée*, mettre en liberté, rendre à soi-même, ne plus tenir à ce dont on est séparé.

2° Le vœu de chasteté *nous détache de toutes les créatures.* On ne peut plus aimer qu'en Dieu et que pour Dieu ; plus pour soi, on l'a voué. L'intégrité du cœur n'est pas moins exigée de l'épouse que l'intégrité du corps.

3° Le vœu d'obéissance nous détache de *nous-mêmes* en soumettant notre volonté, le plus intime de nous-même, au bon plaisir de Dieu se manifestant par nos supérieures. L'amour de Notre-Seigneur envers nous le cache dans l'Eucharistie pour nous nourrir, et dans nos supérieures pour nous conduire. Peu importe si la farine de l'hostie consacrée est belle ou grossière ; Notre-Seigneur daigne y être présent ; il se cache ainsi dans nos supérieures, quel que soit leur naturel, c'est à leur *mission légitime* et non à leurs *qualités* que tient l'action de Notre-Seigneur en eux, pour nous manifester sa sainte volonté.

Mais pourquoi ce triple *dégagement* de l'âme religieuse produit par les liens sacrés qui nous tirent hors du siècle et de nous-mêmes? Pour nous unir à l'esprit de Jésus par la conformité du nôtre avec sa doctrine, nous unir à son cœur pour n'aimer qu'en lui et par lui ; nous unir à sa vie par une imitation constante de ses vertus, afin qu'il *vive en nous* et que nous ne vivions plus en nous-mêmes. A mesure que le vide s'opère en l'âme par le détachement et la pureté d'intention, Dieu la remplit avec abondance et communique à notre abjection l'image de ses adorables perfections, comme le soleil se reflète dans une eau pure et semble la remplir de sa splendeur.

Chasteté.

L'esprit du vœu de chasteté, *son but*, n'est pas dans l'objet matériel du vœu : il est dans cet état de dégagement, où il met l'âme, de toutes les affections terrestres. Saint Paul le fait comprendre par ces mots : *Afin que vous vous occupiez de Dieu et des choses de Dieu.* Ainsi toute affection qui préoccupe (volontairement s'entend), qui nuit un peu à la solitude du cœur dans nos devoirs religieux ou autres, je dirai : **Prenez garde!** Du reste, il ne faut pas se faire, sous prétexte de chasteté, un cœur où l'on ne reconnaisse plus les saintes effusions de la charité ; elle est la reine des vertus ; la véritable pratique des autres vertus n'est jamais contraire à ses saintes inspirations. Mais encore, comprenez qu'il y a une sainte préoccupation d'affections chrétiennes qui, loin d'être contraire au vœu, est le témoignage de sa sainte fécondité. *Et celle qui est vierge a plus d'enfants que celle qui a un mari.* Une femme chrétienne travaille au salut de son mari, de sa famille ; la vierge voudrait sauver toutes les âmes rachetées du sang de son époux. L'amour de Dieu est en vous, c'est lui qui forme les liens sacrés qui vous unissent à lui. Eh bien ! ma fille, voyez et appliquez la définition de saint Thomas : « *L'amour de Dieu c'est le feu ; sa flamme c'est le zèle.* Ce zèle a ses douleurs et peut consumer notre être. Écoutez saint Paul : *Mes petits enfants, je souffre pour vous les douleurs de l'enfantement, jusqu'à ce que Jésus-Christ soit formé en vous de nouveau.* Ces douleurs de zèle se passent en notre cœur où nous portons nos enfants spirituels pour former Jésus-Christ dans leurs âmes, c'est une participation à l'apostolat ; en cela rien de contraire à l'esprit, à la gloire, à l'amour de Dieu ; sollicitude, tendresse, vigilance, angoisses maternelles (mais tout cela contenu dans de justes bornes par la crainte de nuire à l'œuvre de Dieu par nos imperfections), prudence, discrétion et le reste. La mère auprès du berceau de son enfant retient jusqu'à son haleine, dans la crainte de lui nuire, la mère est la plus parfaite image du vrai zèle, et sa persévérance en est encore le modèle, jusqu'à ce que Jésus-Christ soit formé dans nos âmes et qu'il y soit formé de nouveau par la réhabilitation. Vous comprenez si de semblables préoccupations peuvent être contraires au vœu qui vous unit à Dieu, dont la gloire est que nous portions beaucoup de fruits pour la vie éternelle. Vos saints vœux de chasteté et d'instruction sont les moyens efficaces et bénis de cette sainte fécondité spirituelle, réunissant en vous les deux sentiments les plus forts et les plus actifs de la nature, l'amour vierge, concentré sur ces enfants, sans partage, sans distraction d'aucune autre affection humaine, et l'amour maternel le plus tendre et le plus dévoué qu'il y ait au monde, l'un et l'autre surnaturalisés par leur principe unique, l'amour divin. C'est là comme un foyer toujours subsistant dans l'âme de la vierge chrétienne d'où s'épanche sans cesse la vie spirituelle, la vie de la foi, que vous communiquez à celles que la Providence rend plus véritablement vos enfants qu'elles ne le sont de leurs mères ; elles n'en ont reçu qu'une vie mortelle, et vous les enfantez pour l'éternité.

Je voudrais bien pouvoir communiquer aux autres ce que j'ai d'expérience, pour voir avec calme toutes les misères humaines et contempler l'œuvre de Dieu se faisant *sur* notre fond, *avec* notre fond. Il ne le change point, il le modifie seulement par la vertu, et il s'en sert pour accomplir ses desseins. Il faut comprendre cela et ne pas s'irriter de ce qu'on rencontre dans son chemin ; chercher toujours ce qu'il y a de bon et de vrai dans chacun ; s'appuyer là-dessus pour unir les esprits et les cœurs, et laisser tomber le reste ; n'en pas plus tenir compte que le bon Dieu ne tient compte de toutes nos propres misères. Où en serions-nous, s'il comptait tout ? Pour cela il faut *du calme : du calme dans l'esprit* pour voir les choses dans le vrai ; *du calme dans les sentiments*, ne pas se passionner d'avance..., connaître les choses avant de les juger ; car, voyez, quand on tend à la perfection, comme on se rend le témoignage intérieur qu'on veut le bien, qu'on travaille à l'œuvre de Dieu avec bonne volonté, on prend pour zèle beaucoup de choses qui viennent de son propre fond. Il monte de là une foule de vapeurs, et cela fait un imbroglio parfait, bien plus difficile, je vous assure, à analyser et à débrouiller dans les âmes religieuses que dans les âmes ordinaires. Le bien et le mal, c'est clair, au moins, cela tranche.... mais le bien et le *mieux*, subtilisés par certaines têtes, c'est à ne s'y pas reconnaître! c'est tout ce qu'il y a de plus embarrassant à définir !!...

Non, ce n'est pas le discernement qui vous manque, c'est même le contraire. Naturellement vous voyez les conséquences, les inconvénients, etc. Il faut moins fixer les détails, jeter une vue d'ensemble devant Dieu et compter sur sa lumière, quand on est chargé des choses par sa Providence. Il faut arriver à faire cela très-simplement ; le regard d'une personne dit beaucoup, son âme est là sans qu'elle s'en doute. Et toujours dans nos rapports avec les âmes, tenir compte des données de la foi qu'on oublie beaucoup trop, même parmi les gens pieux. Ce péché d'Adam est à la fois source de *malheurs* et *heureuse faute*, comme l'Église le chante. Comprendre dans l'humanité :

1° Les ruines en quelque sorte de cet état d'innocence dans lequel nous avons été créés en Adam.

2° La chute avec toutes ses suites : l'ignorance, la concupiscence, la souffrance physique et morale.

3° Notre régénération par N. S. Jésus-Christ.

4° La nécessité de nous appliquer les mérites de notre Rédempteur, en réparant de notre mieux notre nature déchue pour la rendre conforme à lui : de là, combat des vices, lutte de la vertu, utilité des tentations, sans lesquelles il n'y aurait pas de vertus, partant pas de récompense. *Et miséricorde de Dieu*, toujours ; car c'est la miséricorde qui commence et achève notre salut ! Dieu ne fait en nous que couronner ses dons. Pour nous donner une part plus considérable à ses biens éternels, il aime à voir se multiplier l'occasion de nos victoires. Il excite au besoin les tempêtes, pour nous voir surmonter les flots par notre courage et notre confiance en lui.... Tout est là aux yeux de sa Providence, *rien ne se fait ici-bas que pour le bien des élus*, c'est-à-dire pour leur donner l'occasion de gagner des mérites plus abondants, des couronnes plus brillantes. Voyez donc cela pour vous, pour les autres ; ne tenez pas compte des effets de l'imagination, allez au fond, aux actes, à la vertu, et ne vous étonnez pas de tout ce que produit, malgré le fond de bonne volonté, le fond de misère que nous découvrons en nous.

Ne pas faire tout ce que vous croyez devoir faire, c'est là précisément où peut se trouver pour nous le sacrifice, l'abnégation, le fond de la vertu, ce qui nous oblige, quoi que nous fassions, à ne pouvoir compter que sur la miséricorde de Dieu. Votre esprit positif voudrait toujours calculer toutes choses. Je dois *ceci* au bon Dieu pour remplir mes obligations ; je fais *cela tant d'un côté, tant de l'autre*, partant quitte. Eh bien ! non, il faut vivre et mourir débiteur envers la bonté de Dieu, et ne compter sur *rien, pour notre salut*; que sur l'amour, la miséricorde de Notre-Seigneur Jésus-Christ, et ne savoir jamais si nous *sommes dignes d'amour ou de haine,* jusqu'au dernier règlement du compte final de notre vie.

Votre confiance autrement reposerait sur vos propres efforts et non sur la parole et la volonté de Dieu, les mérites et le sang de Notre-Seigneur Jésus-Christ. Il faut vous résigner à croire que, quoi que *vous fassiez*, vous mourrez en *banqueroute* envers le bon Dieu. Je vous donne garantie certaine de cela et de plus qu'il ne vous en fera pas moins miséricorde !

Examen.

Ne point trop se replier sur soi-même ; et jeter un regard pour s'assurer que tout est à sa place. Dans un ménage, qu'on a l'habitude de tenir en ordre, un coup d'œil suffit pour s'assurer que tout est en place ou y remettre promptement ce qui aurait été dérangé. Il n'est pas nécessaire de toucher chaque pièce pour s'assurer qu'elles sont là où elles doivent être, c'est perdre son temps ; mieux vaut l'employer à son profit spirituel, en quelques actes de contrition, d'action de grâces et d'amour.

Oraison.

Dans l'oraison, convaincre l'esprit n'est plus nécessaire quand il vit de la foi ; la mémoire représente facilement ce dont elle a été nourrie dans la lecture et la méditation. L'essentiel, c'est *le commerce de notre âme avec Dieu* ; l'écouter, lui répondre ; s'il ne parle pas, l'adorer, et nous humilier d'être si peu ce que nous devrions être en sa présence.

Simplicité, Dieu veut cela de vous en tout; ce qui multiplie pour vous les actes ne vous va pas, il faut aller simplement comme la grâce en vous. Un regard simple de l'âme vers Dieu, sous son regard constant et paternel; dans l'oraison, l'examen, l'action, partout et toujours.

Obéissance religieuse.

Obéissance de *foi*, de foi. Oui, la *foi !* La foi nous fait croire ce que nous ne voyons pas; adorer Dieu dans le sacrement où il est caché ; lui obéir dans la personne de la supérieure, par qui il veut nous exprimer sa volonté. Etes-vous chrétienne, avez-vous la foi ? Voyons, adorez-vous également trois croix que je vous présente : une d'or, une d'argent, une de bois ? Oui, vous adorerez dans la croix, quelle qu'en soit la matière, le symbole du mystère de la rédemption. Ne regardez pas davantage les qualités de la supérieure ; qu'elle soit toute d'or pour la vertu, ou d'argent ou de bois, peu importe son titre ou son calibre;

Dieu commande par sa bouche. *Obéissez en esprit de foi.* Obéissance de foi, *sans connaître les raisons :* ce n'est pas votre affaire, si vous les saviez peut-être les trouveriez-vous si bonnes qu'il n'y aurait plus *de foi* à obéir.

Les saints anges, quand ils exécutent les ordres du Seigneur avec tant de zèle et de promptitude, ont-ils la prétention de comprendre les pensées du Très-Haut ? Et vous ?... Les admirables secrets de sa Providence sont parfois cachés sous l'ordre le plus simple en apparence, et le salut de beaucoup d'âmes peut dépendre de son exécution.

Obéissance de *foi*, sans *préoccupation du succès* ; quel que soit l'emploi, acceptez ; s'il va bien, bénédiction ; s'il va mal, humiliation ; profit certain de tout côté.

Providence.

Il faut voir toutes choses dans l'ordre de *la foi* ; Dieu les permet dans ses desseins éternels, sans tenir compte, comme nous, d'une foule de détails qui nous paraissent quelque chose, même aux yeux de la raison ; la raison est une très-pauvre lunette, à elle toute seule ; elle devient cependant une longue vue, quand on s'en sert avec l'œil de la foi. Croyez-moi, plus je vais, plus j'acquiers la conviction, *la preuve que tout n'est rien,* aux yeux de la Providence, *si ce n'est la perfection des âmes de ses élus.* Je vous le répète, ce que Dieu veut de nous : *ce sont des vertus.*

S'il bouleverse la terre, les empires, les flots, le monde entier, dans sa justice ou sa bonté, c'est toujours en vue de la sanctification des âmes : tout le reste *est néant devant lui.* Il faut nous unir à ses pensées, pour voir toutes choses dans l'ordre éternel ; *vivre de la foi.* Grâces, croix, tentations, épreuves, peines indéfinissables, en soi, ou de la part des autres; en tout cela voir le but, la volonté de Dieu, dans la pratique de la vertu propre à la position où il nous met. J'ai tout en cette sainte volonté ; dans le passé, dans le présent, pour moi, pour les autres, dans les familles, dans la religion ; une foule de choses que personne ne veut et qui arrivent cependant. Le père Claver, comme délaissé de la Compagnie dans sa mission ! que dire à cela ? *Dominus est !* c'est le Seigneur qui nous a fait cela. Dieu le veut; non le talent, la gloire, le fruit spirituel même, jusqu'à un certain point : *il veut des vertus et des vertus dans l'ordre de la foi,* dans l'esprit de Jésus-Christ, et en union avec l'anéantissement infini de son humanité sainte, comme créature, devant l'immensité adorable du Créateur; et quels moyens plus efficaces que les trois vœux pour anéantir, pour crucifier une âme ? Notre-Seigneur lui-même n'a pas su trouver mieux pour cela.... Vous-même, chère enfant, ne m'avez-vous pas coûté bien des combats ? Vous paraissiez quelque chose à vos amis, en vue de Dieu, de ses œuvres ; vous eussiez pu faire des choses même qui ne seront pas faites, c'est vrai. Mais ce que Dieu voulait, c'était le sacrifice ; l'imitation de Jésus-Christ, qui s'est anéanti lui-même, l'exemple de votre anéantissement pour l'amour de lui. Quel emploi a-t-elle ? « Rien, c'est là son affaire ; Dieu l'a voulu ainsi, — un zéro. » Et ses œuvres abandonnées ? Dieu les bénira ; au lieu de l'action d'une créature imparfaite, il agira lui-même, et la bénédiction de l'Éternel est autrement efficace que les soins de la vie passagère d'une pauvre petite créature qui, après tout, pouvait toujours mourir demain.

Abnégation.

Oui, le Seigneur veut vous détacher même de votre âme! Il faut la perdre pour la sauver, c'est-à-dire il faut faire le sacrifice de cet attrait intérieur que lui-même a mis en vous cependant, et qui vous ferait préférer la vie de Marie à celle de Marthe : il veut que vous soyez l'une et l'autre en même temps ; que vous soyez Marie dans l'action au lieu de l'être dans le repos, comme vous le désiriez : il faut l'être comme il veut, se retirer des choses extérieures tout en les faisant.

Vivre en Dieu avec Jésus-Christ, tout en vivant au milieu des embarras de la vie active. Vous ne comprenez pas cela encore au point où Dieu le veut ; il vous y amènera, puisque c'est évidemment l'esprit de l'état où sa volonté vous place.

En attendant que vous le compreniez, sacrifiez à sa volonté tout votre être, jusqu'aux pieux désirs qu'il ne vous donne que pour trouver matière à sacrifice. Les choses de la terre ne peuvent l'être pour vous ; la victime, c'est vous-même, dans votre être le plus intime. Dites, Marie, que sa miséricorde a été grande sur vous, et que, malgré les apparences, la meilleure part vous a été donnée.

Simplicité.

Plus je vais, plus mes cheveux blanchissent, mieux je comprends que la vertu, la perfection même est une chose très-simple, faire ce qui se présente dans l'ordre de la Providence... Ce que l'on doit, tout simplement, comme cela vient... N'importe quoi... une visite, une étude, une classe....

Mettez ce que vous voudrez... faire cela devant Dieu, comme sous ses yeux. On cherche des moyens, on se trouble quand les choses ne vont pas à notre guise. — Mais je n'ai pas fait mon oraison... Je voudrais avoir plus de solitude. — Le pouvez-vous, sans manquer à votre devoir près de ces enfants, à l'obéissance? Non, il faut que les choses marchent. Eh! bien! faites-les marcher, et marchez vous-même en paix sous le regard de Dieu.

Marche en ma présence et sois parfait. Depuis Abraham, c'est le secret de la vertu.

Oui, plus je vais, plus je comprends que la vertu est une chose très-simple. Tout faire avec un regard, une vue de Dieu. Le devoir, c'est cela. Allez, faites-le devant Dieu... Pour vous, l'obéissance à l'autorité légitime, en vue de Dieu qui commande, c'est votre vœu, vous êtes engagée ; la supérieure, c'est le mandataire auprès duquel vous devez vous acquitter. Mais, direz-vous, s'il en était autrement, tout irait mieux... C'est comme cela que Dieu veut que les choses marchent ; il en sait bien autant que vous ; ses pensées ne sont pas nos pensées ; aux hommes, il faut les moyens pour la fin ; lui, arrive à telle fin qu'il veut sans moyens, ou avec les moyens contraires. Notre siècle raisonne trop, et nous portons cet esprit en religion. Dans toutes les communautés où je vais donner des retraites, je trouve de cela : des raisonneuses. A présent, Mesdames, qu'on vous enseigne la rhétorique, et que vous êtes des bachelières, avec une certaine éloquence naturelle, dont vous ne manquez jamais, vous avez les plus belles raisons du monde pour prouver que vous avez raison. Eh bien ! en présence du vœu et de l'autorité légitime, toutes ces raisons-là ne sont que des déraisons...

Il faut obéir quand on a fait vœu d'obéissance..., s'il y avait désordre, l'autorité serait avertie ; à elle d'agir, aux inférieurs d'obéir.

Simplicité : ce n'est pas le tout d'obéir ; cela vous convient mieux que de commander, dans une certaine mesure.— Eh bien! il faut encore obéir en commandant, et commander simplement, fermement, comme vous le croyez pour le mieux, puisqu'en cela vous êtes l'instrument de Dieu... Maintenir l'autorité et l'obéissance en vue de Dieu, pour sa gloire, ce sont les deux points capitaux les plus ébranlés par l'esprit du siècle, dans les familles, dans les communautés, comme dans la société.... Et puis la hiérarchie, remonter, comme les anges, d'un degré à l'autre jusqu'à Dieu ; sans cela point d'ordre.

L'autorité première, nulle part, ne peut atteindre à tout... Dieu même se sert des anges et même de nous, ses pauvres ministres... Soutenir la hiérarchie, qui maintient l'autorité.

Manière de faire oraison.

Comment faire oraison ? Ah! je vous assure que je n'en sais pas plus, à l'heure qu'il est, après avoir lu la théologie scolastique et mystique, essayé et enseigné les autres ; je n'en sais pas un mot de plus que ce que j'en ai appris, chez ma mère, d'une pauvre mendiante.

Vous savez que je suis un pauvre petit paysan de Ploubalay, qui certainement n'aurais jamais eu l'honneur d'être ainsi, assis sur un fauteuil, dans votre salon, si je n'étais prêtre... Eh bien! ma bonne mère avait les habitudes de nos campagnes chrétiennes : on ne refusait jamais les pauvres à la porte de la ferme. Il n'y avait pas grand'chose à leur donner, un morceau de pain, une petite sébille de farine ; mais enfin, on ne refusait pas, et ma mère nous envoyait, nous les petits, porter l'aumône à la porte de la maison.

Un jour, c'était une vieille mendiante, j'avais environ sept ou huit ans, je pense, à peu près, tout au plus. Elle me dit, en recevant son pain : Dis-moi, mon petit François, fais-tu bien tes prières ? — Oui, maman me les fait dire tous les jours. — Et à quoi penses-tu quand tu les dis ? — Me voilà fort embarrassé, car je ne voulais pas mentir, et je pensais, pendant ma prière, à bien des choses autres que le bon Dieu, assurément. — Écoute, mon enfant, pour le morceau de pain que tu me donnes, je vais te donner une leçon pour bien faire ta prière *toute ta vie et être bien sage*. Quand tu te mettras à genoux, fais bien *ton signe de croix*, et pense que Notre-Seigneur est là, devant toi, dans son berceau, sur la croix... et puis dis-lui ta prière comme si vraiment tu le voyais. Et quand ta prière est finie, reste encore à genoux, et dis-lui tout ce qu'il y a dans ton cœur, quand tu as de la peine ou du plaisir, enfin tout ce que tu penses. Vois-tu, tu n'auras pas toujours ta mère avec toi, mais tu auras toujours le bon Dieu. Il faut t'habituer à lui ouvrir ton cœur, à lui demander conseil, à lui dire tout ce dont tu as besoin.

Voilà l'oraison, et tous les livres du monde ne m'ont rien appris de plus que cette bonne femme.

PENSÉES DIVERSES.

XIX

Mortification.

Il faut se mortifier *dans l'espèce*. Vous entendez. Si on a mal à la tête, il ne sert de rien de se frapper les épaules. Qu'est-ce que se mortifier dans l'espèce? Est-ce la sympathie naturelle? Evitez de parler à cette personne, hors le besoin ou la convenance. Est-ce au contraire l'antipathie? Avec celle-ci, les égards, les bons procédés, les signes extérieurs de déférence. C'est là se mortifier dans l'espèce, etc.

Une communauté est fervente, quand on y répare ses fautes et que les pénitences sont en vigueur.

La persévérance ne consiste pas à ne pas tomber, mais à se relever promptement.

Méditer, c'est revenir sur une pensée par le cœur.

Le ciel est le reflet de Dieu dans l'âme, et de l'âme en Dieu. Cette vue et cette union intuitives font le bonheur de l'âme au ciel.

On retire souvent plus de fruit de la communion, quand on s'en approche avec quelque faute légère, parce que alors l'humilité et la honte dont l'âme est pénétrée attirent le regard miséricordieux du Seigneur : au lieu que quand nous y allons contents de nous-mêmes, il y a lieu de craindre que Dieu ne soit pas aussi satisfait.

SERMON SUR LES SOUFFRANCES.

XX

Beati qui lugent.
Bienheureux ceux qui pleurent.
(S. Matth., v, 5.)

Ces trois mots ont été prononcés, il y a dix-huit siècles, et il y dix-huit siècles, qu'ils tombent chaque jour comme un baume, sur les plaies si nombreuses et si profondes, hélas! de l'humanité déchue. C'est vous dire, chrétiens, que ces trois mots sont sortis de la bouche d'un Dieu. En effet, ne fallait-il pas un Dieu pour oser annoncer à la terre, promettre à ses tristes habitants une si étonnante, une si mystérieuse félicité? Ne dirait-on pas, au prime abord, qu'il y a là de l'insulte, une ironie sanglante? Ainsi le voit le monde: il n'a pas encore aperçu et il n'apercevra jamais dans les souffrances, dans les pleurs, dans tout ce qui afflige la nature humaine, une béatitude, une félicité! Pour lui la béatitude, la félicité, c'est l'exemption des misères et des douleurs de la vie; la jouissance, voilà son vœu le plus ardent, son aspiration la plus constante; le terme, la raison dernière de son existence. Mais un Dieu a parlé, un Dieu a dit: *Beati qui lugent!* bienheureux ceux qui pleurent! bienheureux ceux qui souffrent! La vérité est donc là.

Cette vérité (dont le martyr saint... est l'illustre glorification), je viens, dans cette solennité, et sous ses auspices, essayer de vous la faire goûter, en vous montrant comment Jésus-Christ est venu nous rendre : 1° glorieuses, 2° douces, 3° profitables, ces souffrances multipliées qui nous arrachent des larmes si amères, Seigneur, accordez-moi cette grâce; donnez à ma parole cette vertu qui fortifie, qui relève les courages défaillants; qu'elle soit pour tous les cœurs que vous daignez visiter une lumière, une force et une consolation.

Marie, Mère de douleur, Reine des martyrs, c'est sous vos auspices que j'entreprends l'éloge des souffrances. Ne me refusez pas le secours de votre médiation auprès de Jésus, votre divin Fils. *Ave, Maria.*

Souffrir! c'est une loi. Aucun âge, aucune condition ne peuvent s'y soustraire; c'est une loi universelle et inévitable. Cette loi, hâtons-nous de le dire, n'est pas un fait de la Providence. Un Dieu tout amour formant un être à son image et à sa ressemblance, pouvait-il avoir la pensée de le destiner au malheur? Non, dans les vues de Dieu, l'homme, sa créature de prédilection, le chef-d'œuvre de ses mains, n'était destiné qu'à éprouver des jouissances pures et innocentes; son âme, douée de la faculté de connaître et d'aimer, devait trouver dans le noble usage de sa liberté le bonheur qu'apporte avec elle la paix intérieure : son corps, esclave soumis, devait augmenter par les jouissances qui lui sont propres, cette douce félicité, compagne inséparable de l'innocence. Mais l'homme, le premier de tous, a renversé le plan du plus admirable amour; il s'est laissé séduire par une fatale promesse, il a perdu l'amitié de son Dieu, et le péché est entré dans le monde, et avec le péché la mort, la pauvreté, les maladies physiques et morales, et d'innombrables misères. Dès lors, la terre n'a plus été qu'une vallée de larmes, la vie, qu'un enchaînement de douleurs. Toujours en guerre avec lui-même et avec ses semblables, l'homme a senti partout peser sur lui la malédiction lancée contre Adam rebelle. Les éléments, créés pour son usage, se sont tournés contre lui, les sources de la vie se sont altérées, et l'histoire du genre humain tout entier n'est plus qu'un long cri de douleur que les siècles répètent, et qui retentira jusqu'au dernier jour du monde.

La loi de la souffrance n'est donc pas un argument contre la Providence. Dieu n'est donc pas cruel parce que l'homme souffre, et ce malaise universel qui poursuit la créature dans toutes les phases de sa courte existence n'est pas une voix accusatrice qui argue dans le Créateur de l'ignorance ou de la mauvaise volonté. Non, la souffrance n'est pas d'institution divine. C'est l'homme qui l'a inaugurée dans le monde, car c'est lui qui a dérangé l'œuvre du Très-Haut. Quel délire! quelle extravagance! Et que serions-nous devenus? Que serait le monde, si la justice avait seule réclamé ses droits? Mais la miséricorde est venue; aux droits du glaive qui châtie, elle a opposé les droits de l'amour qui adoucit les plaies du coupable infortuné. Un Dieu est venu pour procurer à sa créature tombée le moyen de se relever de sa chute et de reconquérir le rang que le péché lui avait fait perdre. La plaie était grande, le remède fut immense, et suivant le langage de l'Apôtre : Là où le délit avait abondé, la grâce surabonda... *Ubi autem abundavit delictum, superabundavit gratia.* En effet :

1° Les souffrances, suites et signes du péché, étaient pour le genre humain un apanage d'ignominie, il en fit un apanage de gloire.

2° Les souffrances étaient des éléments inépuisables de tristesse et de désespoir, il les transforma en éléments de joie et d'espérance.

3° Les souffrances étaient stériles, des principes de dissolution et de mort, il les rendit fécondes, il en fit des principes de résurrection et de vie.

Et c'est ainsi que se rétablit l'ordre providentiel dont la prévarication du premier père semblait avoir altéré l'économie, c'est ainsi que fut atteint le but que Dieu s'était proposé dans la création du monde : sa gloire dans le bonheur de ses créatures.

PREMIER POINT.

Je dis d'abord que, d'ignominieuses qu'elles étaient, les souffrances sont devenues glorieuses pour l'homme.

Inutile de prouver que, dans son origine, la douleur est une honte pour notre nature. N'est-elle pas le fruit du péché? N'est-ce pas lui qui a gravé ces stigmates hideux sur le front de la famille humaine? Le cachot où la justice terrestre renferme les prévaricateurs de ses lois, les chaînes qu'elle met à leurs pieds et à leurs mains, les châtiments de toutes sortes qu'elle leur impose pour en tirer vengeance, ne sont-ils pas le sceau d'une rébellion et sa juste flétrissure? Ainsi les souffrances sont le souvenir et le signe de l'égarement de l'homme. Elles lui rappellent que, semblable au voyageur dont parle l'Évangile, il a fui Jérusalem, la ville de l'innocence et de la paix pour s'engager sur le chemin de Jéricho, pour courir hors de la voie de l'obéissance, où il est tombé dans les piéges et sous les coups de nombreux ennemis qui l'ont laissé gisant sur la terre inondée de son sang. Oui, nos douleurs, nos souffrances, tout ce qui nous afflige, voilà le perpétuel mémorial de notre déchéance : et une déchéance, qu'est-ce, sinon une honte?

Mais cette déchéance, cette honte de l'humanité, le Très-

Haut l'a prise en pitié. Je ne dis pas assez : cette honte a touché le cœur de la Trinité-Sainte. Elle s'est inclinée vers ce malade qui exhalait des soupirs de mort, et dans un incompréhensible amour, elle a décrété la réhabilitation du genre humain. Le Verbe incréé est descendu pour opérer ce grand mystère. Il pouvait, d'un mot, rendre la vie au moribond, d'un souffle de sa bouche rallumer dans son âme la flamme pure, céleste, dont il l'anima au premier jour. Mais il est allé plus loin. Il a voulu élever l'homme jusqu'à lui. Et comme, après la dégradation originelle, il ne nous restait plus en propre que les souffrances et la faiblesse, se proposant de nous réformer et non de nous créer de nouveau, d'être tout à la fois notre rançon et notre modèle : il a voulu entrer dans une voie où sa faible créature pût le suivre. Or, en quoi pouvions-nous nous rapprocher du Dieu-Homme, sinon par les souffrances? Qu'y a-t-il, que peut-il y avoir de commun entre lui, la splendeur de la Divinité, et nous enfants de ténèbres et de péché, sinon ces misères auxquelles notre condition d'hommes nous assujettit? Et, ô profondeur! ces misères, ces souffrances, Jésus-Christ les a prises. Cet unique et honteux patrimoine de l'humanité, Jésus-Christ l'a fait son unique, son glorieux patrimoine. Voyez comme les vues de Dieu sont différentes de celles des hommes! Pour nous, la grandeur, c'est l'éclat d'un haut rang, d'une grande fortune, d'une vaste puissance; le bonheur, c'est la réunion de toutes les aises de la vie, l'ensemble de toutes les jouissances, le contentement de tous les goûts de la nature, l'absence de toutes les douleurs : et Dieu, dans ses desseins, et Jésus-Christ dans son exemple, appelle bonheur les souffrances, grandeur les humiliations, richesse la pauvreté, trône une crèche ou une croix, courtisans des bergers ou des pêcheurs, palais une étable, pourpre des langes! Chaque année, l'Église, commémorant le mystère de Bethléem, nous fait entendre ce récit naïf et sublime, qui confond l'orgueil du monde et la raison des sages. Elle propose à nos hommages et à notre imitation un Dieu petit, pauvre, souffrant, dans l'âge de la plus extrême faiblesse, dans l'état du plus complet dénûment, et naissant enfin où rougirait d'être né le dernier des enfants des hommes. Dans tout le cours de sa vie mortelle, ce Dieu-Homme nous prêche par ses paroles et par son exemple la pauvreté, l'humilité, les souffrances, les douleurs. Nous l'entendons dire : Il a fallu que le Christ souffrît pour entrer dans sa gloire, nous l'entendons appeler dans la voie sanglante où il a imprimé ses pas, tous ceux qui aspirent à l'honneur d'être ses disciples, et qui sont jaloux de partager son triomphe. Il ne béatifie que les petits, les pauvres, les souffrants, et réserve ses anathèmes pour les riches et les heureux du siècle. Et enfin, il couronne par un long et cruel sacrifice l'éloge que sa vie entière a fait des souffrances, en léguant au monde les souffrances et l'espoir de l'immortel triomphe que les souffrances préparent.

Et la nature a beau contredire, l'esprit humain a beau venir avec ses faux raisonnements; ces vérités-là ne passeront pas. Il nous reste une voie pour arriver à la gloire que nous avons perdue; cette voie, c'est la voie des souffrances. La prison où un roi de la terre viendrait fixer sa demeure et son trône, côte à côte de ses sujets rebelles et criminels, ne serait-elle pas un palais royal? Les haillons qu'il emprunterait au pauvre pour en faire son vêtement et sa parure au jour de solennités et de triomphes, ces haillons ne deviendraient-ils pas l'emblème de l'auguste et souveraine majesté! Cela, Jésus-Christ l'a fait. C'est par ce que notre nature a de plus défectueux et d'humiliant qu'il s'en rapproche. Nous sommes comme lui parce qu'il a voulu être comme nous. Nous sommes grands, parce qu'il est petit; forts, parce qu'il est faible; et nous aurons part à son bonheur infini parce qu'il a voulu partager nos misères. Ces misères de notre nature, un Dieu les a choisies pour compagnes, il en a fait les instruments de sa gloire et de la gloire de son Père. Il s'en est servi comme d'un piédestal pour s'élever jusqu'au titre de Sauveur et de Rédempteur du genre humain : titres plus nobles, titres plus sublimes sans contredit que ses titres de Créateur et de Souverain de l'univers. Et nous aurions en horreur les souffrances !... et nous oserions murmurer contre la main qui nous distribue les joyaux d'une couronne divine ! La miséricorde a poussé un Dieu à descendre si bas, jusqu'à nous, et nous refuserions de nous élever si haut, jusqu'à Dieu ! quelle ingratitude ! Ce serait l'apostasie, ce serait fuir le champ de combat, où nous attend l'honneur réservé aux seuls braves. Et quel honneur ! Il fut grand sans doute l'honneur de Mardochée, quand, couvert des vêtements royaux, monté sur le cheval qu'Assuérus avait coutume de monter, le premier des princes et des grands de la cour du roi, Aman, marchait devant lui, et criait sur la place de Suze : *Celui que le roi a voulu honorer est digne de cet honneur.* Le vôtre est bien plus grand encore, chrétiens, quand Jésus-Christ vous revêt de sa pourpre divine. Vous serez comme des dieux, disait à nos premiers parents l'envieux et orgueilleux serpent qui voulait les attirer sous son empire, et sa parole a eu son accomplissement. Les souffrances, fruits de la révolte, mais divinisées par Jésus-Christ, sont venues diviniser l'homme. Oui, du moment que vous mangez du fruit de l'arbre de la croix, vous devenez des dieux : *Vos dii estis.* Votre nature faible et dégradée se relève, se purifie, se divinise. Cette noble et primitive image de la Divinité, que le péché avait souillée en vous, reparaît dans tout son éclat. Le Père céleste reconnaît cette âme qui sortit si belle de ses mains au jour de la création ; le Verbe divin reconnaît des enfants chéris qu'il engendra dans les douleurs de sa vie mortelle ; l'Esprit d'amour vous contemple avec complaisance ; la Trinité-Sainte proclame, à la face du ciel, de la terre et des enfers, qu'ainsi sera honoré celui qu'un Dieu veut honorer. Les Saints de tous les noms et de tous les ordres, depuis le bon larron jusqu'à la Reine, Mère d'un Dieu, ont été ainsi honorés. Non, vous n'êtes plus des hommes, vous qui souffrez, mais des dieux, puisque vous souffrez pour un Dieu, avec un Dieu, comme un Dieu..... *Vos dii estis.* Eh! qu'est à côté de cette gloire, celle que le monde distribue à ses serviteurs? Quel honneur approche de l'honneur de ressembler à un Dieu? Les couronnes que l'orgueil humain nous vante, et que le monde met au front de ses élus, sont frêles et faites de main d'homme; le temps doit les flétrir, mais cette couronne d'épines que nous portons, auréole impérissable de gloire, a orné le front d'un Dieu, elle a ceint le Roi des rois, et les stigmates divins qu'elle imprime sur nos têtes sont les signes précieux et ineffaçables auxquels Dieu reconnaîtra ses enfants, les héritiers de ses promesses éternelles. Ah! ne soyons plus surpris d'entendre le grand Apôtre énumérer avec un saint orgueil les tourments qu'il a endurés pour la cause de son Dieu. Un général rappelle les victoires qu'il a remportées, un jurisconsulte les causes qu'il a gagnées, l'homme de négoce les sommes dont il s'est enrichi : l'Apôtre, épris d'une autre gloire, redit ses souffrances; voilà ses lauriers, ses trésors, ses triomphes. Loin de moi, s'écrie-t-il, la pensée de me glorifier d'autre chose que de la croix de mon Seigneur Jésus-Christ! *Mihi absit gloriari nisi in cruce D. N. Jesu Christi!* Paul avait raison dans son éloquent et sublime langage..... Oui, et c'est une incontestable vérité, ces souffrances que nous a léguées la faute du premier homme, Jésus-Christ les a glorifiées. Elles étaient pour notre nature un cachet d'ignominie, il en a fait un apanage, une couronne d'honneur, c'est ce que nous venons de voir. — J'ajoute que l'Homme-Dieu a consolé nos douleurs : elles étaient des éléments de tristesse et de désespoir, il en a fait des éléments de joie et de bonheur.

DEUXIÈME POINT.

La douleur est le partage de l'homme ici-bas : c'est la lie amère qu'il trouve au fond de la coupe de l'existence. Il n'était pas créé pour cela; il est en dehors des plans primitifs de son auteur. Comment la tristesse ne viendrait-elle pas jeter sur lui son crêpe noir?

Voyez l'homme en proie à la douleur. S'il est livré aux seules forces de sa nature ou de sa raison, quel humiliant et affligeant spectacle! Ses yeux éteints semblent se retirer dans leur orbite..., des rides profondes sillonnent son front..., sa face perd son éclat et sa douceur..., sa tête appesantie retombe sur sa poitrine..., son corps se voûte..., tout son être extérieur se concentre et semble diminuer. C'est que l'être intérieur ne le soutient pas. C'est qu'il n'a plus sous les yeux que le néant du passé, des cieux vides d'espérances, et un monde qui le fuit ou le laisse sans consolation. Il est seul avec la douleur, et sa pauvre âme, dénuée de tout appui, tombe affaissée sur elle-même... ou si elle conserve quelque force dans cette nuit de l'intelligence, et sous l'impression de l'invisible main qui la pressure, ce n'est qu'une dernière et fatale énergie, l'énergie du désespoir. Et alors l'incroyant se lève; il blasphème contre la puissance qui l'entraîne... sans songer à l'éternité, il accuse Dieu, sa nature, le destin..... A quoi bon vivre, dit-il? vivre pour souffrir! et il appelle la mort, il invoque la foudre pour mettre fin à son tourment. Et quand la mort reste sourde à ses cris de détresse; quand la foudre ne quitte pas la nue pour anéantir ce dernier souffle qui le retient sur le torrent de sa malheureuse vie, dans un suprême effort, le désespoir arme sa main, et il meurt.... l'insensé, le lâche!

Au moins la philosophie antique inventa le stoïcisme : elle nia la douleur et le mal, elle érigea en doctrine l'impassibilité au milieu des souffrances. Sans doute, ces sages ne cessèrent pas pour cela de souffrir, le corps d'être la proie des maladies et le jouet des éléments, leur âme ne cessa pas d'être tourmentée par les chagrins de toute sorte. On le sait, leur prétendue force d'âme n'était que vanité et orgueil ; leur sourire voilait des larmes, leur bouche désavouait leur pensée : ils mentaient. Mais enfin, cet orgueil, ce mensonge, c'était quelque chose. Et que pouvaient-ils de plus? Ils n'avaient pas Jésus-Christ. La croix n'était pas encore plantée sur le chemin de la vie ; mais aujourd'hui qu'elle brille à tous les regards; fermer les yeux à ses rayons consolateurs, n'est-ce pas descendre plus bas que la philosophie du paganisme antique? Celle du siècle dernier a accompli cette évolution dégradante. Vous le savez, elle a établi en dogme que, quand l'homme se sentait plier sous le faix, il devait rejeter loin de lui le présent de la vie devenu un fardeau. L'histoire a consigné dans ses annales les applaudissements sauvages que les coryphées de cette barbare doctrine décernaient à leurs trop fidèles disciples. Hélas! je le dis à regret et la rougeur au front pour l'honneur de ma patrie et de mon siècle.... ces monstres doivent célébrer, au fond de leur enfer, les fêtes de la haine qu'ils ont portée au genre humain. Leur doctrine a de nombreux, de dociles sectateurs et d'éloquents apologistes.... Aussi, ouvrez les statistiques des jours où nous vivons, et comptez, si vous le pouvez, sans frémir, les suicides qui ravagent notre France. Ils sont incalculables ceux qui, semblables au soldat pusillanime, jettent les armes au premier danger, et n'osent affronter la douleur ou les revers. Et ils s'appellent esprits forts, les hommes du progrès! et ils réclament la palme du courage, ces impies qui ne peuvent trouver dans leurs lumières et dans leur sagesse tant vantées un point d'appui assez fort pour résister au vent de l'adversité, pour soutenir une épreuve passagère, un combat de deux jours! Et ils sont bons pères, bons époux, bons fils, bons citoyens, ceux que les liens du sang et de la société n'ont pu retenir au poste où l'honneur seul aurait dû les enchaîner, et qui ont mieux aimé plonger la société dans le deuil, et leur famille dans la consternation que de souffrir les douleurs les plus ordinaires et les déceptions les plus communes. A leur sens, la principale supériorité de l'homme sur la brute, c'est de comprendre où est le remède de tous les maux.... le suicide. Et ils seraient plus estimables que le chrétien qui souffre et se résigne, qui trouve souvent de la joie et du bonheur dans les contradictions et les souffrances les plus amères !

Contemplons-le un instant ce chrétien sur un lit de douleur. Il souffre, mais voyez comme son front est calme et serein ; le sourire est sur ses lèvres ; une angélique sérénité est répandue sur tous les traits de son visage. S'il ouvre la bouche, ce n'est pas pour se répandre en plaintes, en impatients murmures, mais pour dire avec Job, sur son fumier : « Je suis sorti nu du sein de ma mère, et nu je rentrerai dans la terre.... Le Seigneur m'a tout donné, le Seigneur m'a tout ôté ; sa volonté est accomplie, béni soit le nom du Seigneur ! » Ainsi se console et se résigne le chrétien.

Mais ce n'est pas assez pour une âme qui a compris ce que valent les souffrances. L'âme du juste se complaît, elle se réjouit là, dans le creuset du malheur, là où se roule en blasphémant l'adorateur de la raison humaine. Le juste voit son être du dehors tomber, s'écrouler ; le temps va finir, le sépulcre s'ouvrir, et l'âme entonne le cantique de la délivrance. Si la douleur la fuit, elle l'appelle comme une amie, comme la compagne chérie de son exil. Entendez-la s'écrier comme sainte Thérèse : « Ou souffrir ou mourir, » et mieux encore avec Madeleine de Pazzi : « Souffrir et non mourir. » Elle n'a qu'une crainte : c'est que la mort ne vienne abréger son douloureux martyre. Entendez encore le saint lévite Laurent s'écrier en voyant le pape saint Sixte marcher au martyre : « Où allez-vous, père, sans votre fils ? » Où allez-vous, saint prêtre, sans votre diacre ? Sans lui vous n'offriiez jamais l'adorable sacrifice. Qu'y a-t-il en moi qui vous ait déplu ? Quelle plainte ! quelle supplication ! Puis, quand, trois jours après, sa prière est exaucée, quand il est entre les mains des bourreaux, quand, étendu sur un gril ardent, il sent ses chairs brûler lentement, ses moelles se fondre et distiller goutte à goutte sur le brasier, oh ! alors, voyez la joie du martyr, il se rit de ses bourreaux : *Assatum est jam versa et manduca.*

Les saints de tout âge, de tout sexe, de toute condition ont accepté les souffrances, plusieurs les ont ambitionnées avec plus de passion que le voluptueux n'ambitionne les plaisirs des sens ; tous ont conservé, à travers les plus vives douleurs, le calme et la joie de l'âme, ils ont été heureux : c'est un phénomène, un mystère, dont je dois vous dire le secret. Et le voici.

En prenant avec lui les souffrances, en les anoblissant, et en faisant le signe caractéristique de ses disciples et de ses élus, Jésus-Christ a beaucoup fait. Mais il a fait plus encore ; il a élevé la puissance de l'homme à la puissance de souffrir. Il lui a dit : Je suis avec toi dans la tribulation ; *cum ipso sum in tribulatione.* Et ce n'est pas là une vaine parole ; il a créé pour soutenir l'homme des ressorts à part, un organisme surhumain. Vous me comprenez, il a déposé dans son âme le prix de son sang versé sur le Calvaire, sa grâce. Mais avec la grâce, qu'y a-t-il d'impossible à l'homme ? Je ne m'étonne donc plus de la constance, de la joie des Saints dans les souffrances. La grâce, c'est, avec la résidence d'un Dieu dans notre âme, la foi, l'espérance, la charité. Croire, aimer, espérer, quels principes de force! Si nous nous plaignons dans nos souffrances, si nous maudissons la main qui nous frappe, avouons-le, chrétiens, c'est que Jésus-Christ n'est pas avec nous, c'est que nous répudions du cœur la grâce qui accompagne toujours la croix venant à nous. Il y a dans cette croix, il y a dans ces épines qui couvrent le sol de la vie, une moelle qui vivifie, un suc qui fortifie ; mais pour recevoir ces mystérieuses influences, il faut embrasser cette croix, il faut serrer contre son cœur ces épines du Calvaire. Il faut croire à la parole d'un Dieu qui nous assure que l'épreuve est le plus précieux des biens, la plus glorieuse des couronnes, et le véritable partage de l'homme que l'eau du baptême a régénéré ; il faut être chrétien, et être chrétien, c'est croire. Alors la souffrance, alors le martyre nous trouvent fermes et inébranlables. Je suis chrétien, disaient à leurs bourreaux, les héros des souffrances, nos illustres devanciers, les martyrs ; c'était dire : Le chrétien souffre, meurt et ne se rend pas ; et ils souffraient, ils mouraient. Pour nous, si nous cédons sous les étreintes de la douleur, si un lâche murmure s'échappe du cœur et des lèvres, c'est que la foi nous manque : et aussi, et surtout l'amour. L'amour! oh! quoi de plus puissant! c'est lui qui enfante tous les héroïsmes. Quand un cœur est possédé de cette noble et divine passion, il a faim de sacrifices et d'immolations. La vie n'est rien pour qui aime, il trouvera le bonheur en la perdant. Les Saints l'y ont trouvé. Les martyrs de tous les âges et de tous les rangs aimaient, et voilà l'explication du mystère. Mais nous, chrétiens, nous nous révoltons contre les décrets de la Providence ; nous n'aimons donc pas. Vous que la maladie enchaîne sur une couche douloureuse, vous que la calomnie poursuit de ses traits, vous que la fortune abandonne, vous que le monde dédaigne, vous tous qui, dans ce martyre incessant de la vie d'exil, mêlez à vos larmes vos impatiences et vos colères, non, vous n'aimez pas. Vous acceptez les privations, les sacrifices, les douleurs, que dis-je ? vous êtes prêts à donner tout le sang de vos veines pour un amour profane et flétrissant ; l'abnégation, vous le dites, est votre pain de chaque jour, votre existence un martyre, et vous murmurez pour ces légères souffrances que la main de Dieu vous envoie ; encore une fois, vous n'aimez pas. Mais souffrir sans vous aimer, n'est-ce pas le plus cruel des martyres, ô mon Dieu ! allumez-donc, dans ce cœur et dans celui de tous mes frères, ce feu sacré de votre saint amour, ce feu qui brûlait au cœur de vos martyrs, plus ardent que les flammes allumées par la main des bourreaux, révélez-nous le mystère de votre croix et sa sainte folie ; et nous gravirons, en la compagnie de vos Saints, les âpres sentiers du Calvaire, et nous irons, à ce rendez-vous commun des âmes généreuses, nous consoler des longueurs de l'exil, dans votre amour et dans l'espérance du ciel.

L'espérance ! quel soutien pour la volonté ! L'espérance, c'est notre vie tout entière. Elle s'assied au chevet du malade et lui promet la santé ; elle perce la grille du cachot et parle de liberté aux pauvres prisonniers ; elle promet du pain à l'indigence ; elle montre à l'exilé sa patrie ; elle fait entrevoir sa grâce à celui qu'attend l'échafaud ; au chrétien, qui souffre, elle promet, elle fait entrevoir le ciel. L'espérance du ciel, comme elle console l'infortune ! comme elle adoucit la douleur ! Je suis seul, se dit le chrétien, je suis seul, car mon père et ma mère ont quitté cette terre... Je suis sans ami, car je suis pauvre ; les nuits sont pour moi sans sommeil, et les jours sans jouissance. Le temps m'écrase comme une meule pesante ; la douleur me torture ; dois-je me plaindre ? dois-je bénir ? Je dois vous bénir, Seigneur ! Je dois te désirer et t'espérer, beau ciel.

Ah ! si le bonheur que les hommes convoitent eût rempli mes jours, je serais, comme l'un d'eux, courbé par l'attrait du plaisir ; je dirais à la terre : Vous êtes ma mère ; et aux hommes du siècle : Vous êtes mes frères. Et, comme eux, j'aurais vendu, pour un peu de poussière, mon céleste héritage, mon immortelle espérance, mon beau ciel ! Oh ! non, non ! point de cette félicité trompeuse : la déception serait trop cruelle, le réveil trop amer.

Vous seul, ô mon Dieu ! toi seul, beau ciel ! Maintenant donc, que la douleur épuise sur moi tous ses traits, que la pauvreté m'abreuve d'humiliations, que l'exil m'accable de ses ennuis, que je souffre, que je pleure, que je meure à toutes les heures, qu'importe ? Suis-je à plaindre ? Non, mille fois non ! Il me reste votre amour, Seigneur, ton noble et doux souvenir, beau ciel !

Oh ! quand viendra-t-elle cette heure ? Quand luira-t-il ce jour, le plus fortuné de mes jours, où, secouant la poussière de ce monde périssable, je m'élancerai rapide sur les ailes de l'amour, vers ces régions enchantées, où le cœur surabonde de joie, où l'âme s'enivre de perpétuelles délices !... souffrances, vous êtes les flots qui me poussez vers ces divins rivages. Hâtez-vous, hâtez le moment de ma délivrance. Il me tarde de mourir et d'être avec mon Dieu ; mais peut-on trop souffrir pour vous, Seigneur, assez te mériter, beau ciel ?

Ainsi parle le chrétien, et son âme se tient en paix ! Il jette dans le sein du Seigneur ses inquiétudes, ses douleurs cuisantes, ses brûlants désirs, et il est calme, il est heureux.

Imitons-le, c'est un Dieu qui tient dans ses mains le secret de nos douleurs ; seul il sait l'heure, il a posé le nombre de nos jours... Courage ! et si le terme nous semble encore bien reculé, ce terme que nos vœux appellent, oh ! pesons ce mot si plein, si grand, si consolant : *Eternité !* Eh ! qu'importe au ruisseau que son cours soit lent ou rapide, silencieux ou sonore, long ou court, lorsqu'il doit se perdre dans l'abîme des mers !

Le temps passera sans retour et avec lui les peines aussi bien que les folles jouissances qu'il mesure ; et, après ces ondulations orageuses et ces vagues de flots amers, nous dirons : Jouis, triomphe, tressaille, ô âme chrétienne ; l'océan du divin amour et l'éternité du ciel !

L'homme qui croit, qui aime et qui espère, est heureux dans les tribulations de la vie. Il ne tient qu'à vous, chrétiens, d'en faire l'expérience. Sans elle, sans la vue de la croix, sans la vue du ciel, le chagrin, la tristesse, le désespoir, voilà votre partage ! Quel partage ! nous vous l'avons montré.

Il nous reste à vous dire, et ce sera en très-peu de mots, que les souffrances nous sont profitables, et comment, de stériles qu'elles étaient, sans mérites, sans récompense, Jésus-Christ les a rendues fécondes pour tous.

TROISIÈME POINT.

Souffrir ! pourquoi souffrir ? s'écrie chaque jour l'homme sous la dent de l'adversité. La gloire d'être en compagnie d'un Dieu dans ses tristesses, ses humiliations et ses douleurs ; la croix pour encouragement, le ciel pour récompense, ce n'est pas assez pour imposer silence aux réclamations de sa nature. Il voudrait que, pour avoir institué un testament de miséricorde, l'Homme-Dieu abrogeât, et pour jamais, le testament de l'éternelle justice, et violât les lois d'une colère infiniment sainte. Mais ce renversement ne peut avoir lieu. Dieu le Père a porté contre l'homme coupable un arrêt. Cet arrêt doit s'accomplir : *Non veni legem solvere, sed adimplere;* nous dit Jésus-Christ. Nous devons donc souffrir, mais gardons-nous de voir dans cette nécessité un malheur. Ces souffrances que Jésus-Christ nous a laissées sont, dans les plans divins, les instruments des plus hautes miséricordes.

Miséricordes pour le pécheur, miséricordes pour le juste.

Miséricordes pour le pécheur : Les maximes du monde l'ont séduit; les honneurs, les plaisirs, voilà où tendent ses aspirations, ses rêves, ses travaux. Il est, lui, son centre, son Dieu. Le moi, voilà le but de son existence, son tout. A ses yeux, Dieu, qu'est-il? Rien, un mot; car Dieu, il ne le craint pas, il ne l'aime pas, il n'y pense pas. Qui l'arrachera à cet aveuglement, à ce hideux égoïsme? Le prédicateur de l'Évangile? Il ne vient pas même dans nos temples; ou s'il y vient, ce n'est que pour donner aux âmes fidèles, le douloureux spectacle de son indifférence, de sa légèreté. Le ministre de la divine parole est pour lui un artiste qui place devant lui un cadavre, qu'il vient soumettre au scalpel de sa raison, de sa littérature et de ses préjugés. Le sermon, c'est une scène, un passe-temps comme un autre. Il vient demander aux lèvres du prêtre, aux vibrations de sa voix, à l'expression de son visage inspiré, quelques émotions, un frisson pour ses sens; mais rien pour cette âme qu'il veut tirer de la fange, élever jusqu'à Dieu, et pour laquelle il donnerait tout son sang. — Qui la touchera cette âme? Le confesseur? Est-ce qu'il se confesse? Se confesser! aller s'agenouiller aux pieds d'un homme! quelle faiblesse! quel abaissement!

L'Évangile a vieilli! dit-il, il n'est pas à la hauteur du siècle où nous vivons... La religion! c'est une chimère, une momie roulée dans son passé de superstition et d'ignorance, et pour jamais condamnée à mourir dans ses langes ridicules... Qui donc la touchera cette âme? — Les larmes d'une épouse, d'une mère, d'une sœur, d'un ami que sa conduite de père, d'époux, de fils, de frère, d'ami, abreuve d'amertume et de douleur? Non, les passions du cœur parlent plus haut que les larmes, que tous les conseils, que toutes les supplications de l'amitié. Qui touchera ce père dissipateur et scandaleux, cette femme follement éprise des vanités du siècle, ce jeune homme impie et sans mœurs, cette jeune personne, cette enfant que la passion étreint, souille et tue? Qui délivrera ces victimes de l'enfer? Qui les sauvera? Vous, mon Dieu, vous dont la miséricorde est infinie... Il vous reste, pour triompher de toutes les résistances, un glaive. Vous armez de ce glaive votre main de père contre ces rebelles enfants que vos largesses n'ont pu gagner à votre amour. Vous frappez et vous êtes vainqueur, et l'Église du ciel et l'Église de la terre chantent un hymne de triomphe auquel se joignent les larmes de vos vaincus, heureux d'un bonheur que les larmes seules peuvent exprimer.

Oui, Dieu est bon dans ses rigueurs, c'est son amour qui vous frappe, vous tous que la souffrance, que l'adversité visite. La fortune s'était rendue à vos ardentes poursuites, mais vous aviez oublié Dieu, sa religion, son ciel, votre véritable et seule patrie. Et le malheur est venu, il a jeté bas de son autel la divinité de boue que vous adoriez, et alors, au milieu de vos ruines, un voile est tombé de dessus vos yeux, et vous avez vu là-haut un maître de qui tout relève et vous avez dit: Mon Dieu, mon Dieu... et vous avez recouvré votre foi et votre innocence: *Vexatio intellectum dabit.*

Les sociétés mondaines, les spectacles profanes, les liaisons dangereuses, tout ce qui distrait, dissipe et égare, voilà l'occupation et l'histoire de votre existence. Mais voici venir la maladie et une suite de souffrances; et, dans ce douloureux repos de tous vos membres, dans cette involontaire solitude, un rayon brille, c'est la grâce qui se présente, qui vous parle et qui triomphe... Vous avez reconnu votre route à la lueur des flèches du Seigneur: *In luce sagittarum tuarum ibunt* (Habac., III).

Le malheur! la souffrance! quel prédicateur! C'est lui, je veux dire, c'est Dieu, c'est un père qui, impatient de serrer dans ses bras des enfants trop longtemps égarés, appesantit sur eux sa main ; il couvre leur face d'ignominie, il sème leurs plaisirs d'amertumes, il blesse, il déchire, il ensanglante et il sauve : *Castigans castigavit, et morti non tradidit me* (Ps cxvii). Combien d'âmes réveillées de leur léthargie et arrachées à l'iniquité, répètent aujourd'hui dans les transports de leur reconnaisance : Le Seigneur m'a frappé, il a frappé à coups redoublés, et il ne m'a pas livré à la mort ! — O vous, que la souffrance a convertis, bénissez le Seigneur.

Bénissez aussi le Seigneur, vous justes. En vous visitant, il ajoute à la grâce qui vous a touchés un jour et qui vous a pardonné, la grâce qui purifie et qui sanctifie.

Dieu vous a pardonné, mais vos offenses méritaient l'enfer ! Quelles sont vos satisfactions ? Quelques prières, quelques larmes peut-être, c'est tout. Et Dieu vient à votre secours ; il vous ménage des afflictions et des douleurs, pour vous aider à expier et à satisfaire. Il vous condamne au martyre, à ce martyre d'autant plus cuisant et efficace qu'il s'attache à chacun de vos pas, que vous le rencontrez dans le sein même de vos familles, dans vos affections les plus légitimes et les plus chères... dans vos rapports les plus purs et les plus sincères avec votre Dieu devenu votre partage pour toujours. Ce Dieu se plaît en quelque sorte à vous tourmenter ; il se cache, il prive votre âme de ces attraits, de ces jouissances qui la conquirent d'abord à son service, il la plonge dans un abîme de craintes et d'incertitudes... tout est ténèbres et souffrances en vous... Pourquoi cette conduite ? L'Évangile vous répond : *Nisi granum frumenti cadens in terra mortuum fuerit, ipsum solum manet.* Si le grain de froment qui tombe dans le sillon ne meurt pas, il reste seul ; et il faut qu'il fructifie, il faut qu'il sorte, qu'il lève vers les cieux une tige, et que cette tige se pare d'un épi fécond pour avoir le droit d'entrer dans le grenier du père de famille. Mais avant de sortir du sein de la terre, avant qu'il vienne réjouir l'œil du cultivateur de sa belle tige, et de sa couronne d'or, il faut qu'il meure.

Il nous faut mourir aussi dans le sillon de l'exil par l'adversité, les soupirs et les larmes; il nous faut souffrir, si nous voulons présenter à notre Père, qui est dans les cieux, une âme purifiée, une âme enrichie de mérites, une âme qu'il puisse couronner pour l'éternité.

Souffrons donc, recevons avec résignation, et si nous voulons être de généreux, de vrais chrétiens, recevons avec reconnaissance, avec amour, avec joie, tout ce que la main de Dieu nous départ de peines et de misères. Courbons la tête sous le baptême de l'adversité. Il y a dans ses ondes providentielles une gloire, une consolation, un profit pour notre vie des deux mondes.... Ne résistons pas, car nous mourrions dans cette double vie. Les desseins de Dieu sont grands, et ses lois sont sages. Ne résistons pas, car nous serions en opposition avec l'ordre universel du monde et l'harmonie générale des sociétés. Le monde entier n'est qu'une plante dont la mission est de grandir vers les cieux et de déposer dans le sein de l'Éternel une moisson d'élus. Mais cette plante ne doit trouver que dans la mort sa vie et sa fécondité. Ne résistons pas, car nous serions en contradiction avec cette société, la plus merveilleuse des sociétés qui aient paru dans le monde, l'Église, notre mère. Or, l'Église est née dans le sang de Jésus-Christ; c'est ce sang divin qui la fait toujours victorieuse et immortelle. Elle souffre aujourd'hui comme hier elle a souffert et comme elle souffrira demain. La lutte, la souffrance, voilà la raison de sa force et de sa splendeur dans son passé comme dans son avenir. Nous sommes, nous, cette Église; nous avons été marqués du signe de la sainte Croix, qui est son étendard, d'elle nous viendra la vie.

Non, ô Jésus! mon maître, ma gloire, mon Père, non, tout Dieu que vous êtes, vous ne pouviez rien inventer de plus divin que la Croix pour régénérer, pour sauver le monde; sauvez-nous donc par elle; faites, par votre grâce, que nous l'acceptions comme un présent de votre main, que nous comprenions la gloire d'être vos compagnons, et plus encore, que nous nous réjouissions dans les épreuves de ce dur pèlerinage, que nous sachions puiser dans elles ce trésor de mérites que vous devez récompenser d'un ciel! Oh! si jamais nous venions à vous être infidèles, venez, venez à nous avec votre croix, cette croix bénie qui nous ouvre les portes de ce beau ciel, et nous irons régner avec vous dans les siècles des siècles. *Amen.*

L. J. C.

ARTICLE SUR L'ABBÉ VIELLE

extrait du journal la Foi Bretonne, jeudi 23 avril 1857.

XXI

Monsieur, vous me demandez les documents que je pourrais vous donner sur la partie de la vie du vénérable M. Vielle où j'ai eu le bonheur d'avoir des rapports intimes avec lui; je réponds, autant que possible, à vos désirs.

En 1843, le séminaire de Saint-Brieuc venait de perdre son supérieur dans la personne de M. Chantrel. Mgr Caffarelli, évêque du diocèse, ne savait qui lui donner pour successeur. J'étais au secrétariat de l'évêché, où je donnais une partie de mon temps à des écritures; l'autre moitié était employée à mes études de théologie au séminaire.

Monseigneur, dans une causerie familière, m'ayant fait part de son embarras, je lui parlai de M. Vielle, prêtre d'un grand mérite, qui avait été à la tête d'un collége à Saint-Malo, et qui était retiré à Saint-Servan, sans aucun emploi bien déterminé. Monseigneur adopta l'idée de le demander pour être supérieur de son séminaire, et m'envoya avec une lettre à Saint-Servan.

Je ne connaissais pas M. Vielle; la première fois que je le vis, je fus frappé de cette belle figure, si sereine et si gracieuse. Il m'écouta avec bonté. Je l'écoutai à mon tour sur ses difficultés. Il s'agissait de quitter un pays où il eût continué à faire beaucoup de bien, connu et honoré comme il l'était, pour aller dans un autre où il ne connaissait personne.

Je suppléais par des explications et des détails à ce que la lettre dont j'étais porteur n'avait pu dire. Quand je lui laissais entrevoir tout le bien qu'il ferait dans un diocèse dont il allait former le clergé, il ne disait plus rien, si ce n'est : *Serai-je bien l'homme qu'il faut?* A quoi je répondais : Oui, parce que vous êtes l'élu de la Providence, vous êtes devenu libre à point nommé; Dieu avait tout préparé d'avance.

Je revins à Saint-Brieuc plein d'espérance. Mon évêque me renvoya une seconde fois, mais c'était pour amener avec moi celui qu'il regardait déjà comme le supérieur de son séminaire. Cette fois, avant de quitter Saint-Servan, je fus témoin et presque l'acteur d'une scène bien douloureuse. Tout était en larmes autour de M. Vielle; moi-même j'avais de la peine à me contenir; lui seul était dans son calme ordinaire, il me faisait des excuses de ce que ces pauvres dames ne me recevaient pas comme la première fois.

L'incorporation de M. Vielle au diocèse de Saint-Brieuc y amena bientôt M. de La Mennais (Jean-Marie), que la Providence destinait à gouverner le diocèse pendant la vacance du siége, après la mort de Mgr Caffarelli. M. de La Mennais (Félicité) ne tarda pas à venir à Saint-Brieuc, près de son frère aîné, tous deux élèves et fils spirituels de M. Vielle; Jean-Marie, toujours sa consolation et sa gloire, l'autre, hélas!...

En entrant au séminaire, M. Vielle demanda instamment à

Monseigneur et obtint que j'y vinsse professeur de théologie ; ce qui m'a procuré l'avantage de vivre avec lui dans une très-grande intimité, et d'avoir été à même, plus que personne, de voir et d'apprécier le bien qu'il a fait.

Le séminaire n'allait pas mal, sous l'ancien supérieur, M. Chantrel ; mais il se fit, à l'entrée de M. Vielle, un grand changement en mieux. Il se montra, dès l'abord, comme un vrai père, invitant les séminaristes à l'aller voir chacun en particulier dans sa chambre, toutes les fois qu'ils le voudraient. Là c'était, de part et d'autre, une ouverture de cœur dont l'objet le plus ordinaire était la piété, la pratique des vertus solides et parfaites, l'esprit ecclésiastique.

Il présidait souvent les exercices spirituels des séminaristes : leur méditation, leur examen particulier, qui a lieu deux fois par jour, avant le dîner et avant le souper. Il leur faisait deux fois la semaine une instruction solide et touchante, ayant toujours pour but, dans ses détails pratiques, de les former à la science, aux vertus et à tout ce que doit être un saint prêtre, les yeux fixés sur J.-C. prêtre, notre divin modèle.

Bien plus, il se fit professeur comme l'un de nous ; et tous les jours, dans ses leçons d'Écriture sainte, il tirait, du bon trésor de son cœur, des réflexions, des applications pleines d'à-propos qui faisaient d'autant plus d'effet qu'on s'y attendait moins.

Deux ou trois mois avant l'ordination, il réunissait les diacres pour des conférences particulières sur toutes les parties du saint ministère, et principalement sur le sacrement de pénitence. Dans ces conférences, on ne rappelait les principes que pour en faire une sage application aux divers genres de personnes et aux divers états. Il proposait des cas ; il entrait dans tant de détails, que, sans avoir confessé, le jeune prêtre avait déjà l'expérience de l'âge mûr. On conçoit facilement combien un tel supérieur devait être aimé et vénéré de tous les séminaristes, et quelle confiance il inspirait!

Le jansénisme n'avait pas pénétré dans le diocèse comme doctrine enseignée; mais il y avait, en certaine partie du diocèse, quelque chose de cet esprit de rigorisme en morale, et peut-être aussi quelque chose d'un défaut de soumission parfaite à toutes les décisions du Saint-Siége.

M. Vielle a rendu encore, sur ces deux points importants, d'immenses services au diocèse. Il enseignait toujours à tenir, en morale, un juste milieu entre le relâchement et le rigorisme; et, à ses yeux, quand Rome avait parlé, de quelque manière que ce fût, la cause était finie. Tout en laissant la liberté sur des questions livrées à la controverse, il demandait l'union des cœurs par la charité, et, autant que possible, l'unité d'esprit par l'humilité.

J'ai vu en lui toutes les vertus pratiquées : un esprit de foi qui lui faisait voir Dieu en tout, une confiance en Dieu qui reposait son âme, une divine charité qui se manifestait par le zèle. J'ai vu en lui la prudence, une rare prudence qui adaptait les moyens à la fin; la justice, qui ne faisait acception de personne, la force non-seulement pour surmonter les obstacles, mais, quand il n'y pouvait plus rien, la force qui sait souffrir, qui sait attendre.

La tempérance, ou la modération en tout, était l'une de ses grandes vertus. Il y avait toujours en lui comme un point d'arrêt qui semblait dire : *Tu iras jusqu'ici et pas plus loin.* De là, en lui, ce tact exquis des convenances. Il était bon, la bonté même, si j'ose dire, mais sans familiarité : les formes étaient douces et gracieuses, mais toujours dignes; et, quand il le fallait, ce qui était rare, cette figure devenait une autorité imposante, presque menaçante : quelque chose, dans la voix et dans tous les traits, vous impressionnait d'autant plus de crainte et de respect, qu'on remarquait qu'il se contenait.

Son âme était calme au fond. J'en fis l'expérience un jour : pendant qu'il se montrait ainsi sévère à ses séminaristes, j'eus besoin de lui parler; il me fit approcher, et d'une voix douce et sereine, me dit ce qu'il fallait, et puis il se remit au diapason de la réprimande.

J'étais toujours édifié de voir ce saint maître si obéissant, si soumis à son ancien élève, M. Jean-Marie de La Mennais, devenu, pendant la vacance du siége, vicaire général capitulaire; ce qui, du reste, a pu se voir encore dans toutes les occasions à l'égard de Mgr Le Mée, qui avait été son séminariste.

Naturellement sensible aux plus petites choses que l'on faisait pour lui, il devait l'être également à l'inconvenance de certaines manières de dire et de faire qui ont eu lieu quelquefois à son égard. Je dois dire cependant que, sous ce dernier rapport, il me paraissait insensible, il gardait le silence, ou ne parlait des personnes qu'avec des termes qui respiraient des sentiments d'estime et de charité.

J'aurais volontiers passé ma vie avec ce saint prêtre, mais Dieu en avait disposé autrement.

Le P. Renault raconte ici sa vocation à la Compagnie de Jésus, telle qu'on l'a lue au chapitre v, page 17; puis il continue :

Voilà, Monsieur, ce que vous m'avez demandé. Je regrette et je suis tout honteux de vous avoir tant parlé de moi, mais vous m'y avez forcé, en me demandant ce que j'avais remarqué dans nos rapports si intimes. . . . .

. . . .

Lorsqu'il m'était donné de retourner en Bretagne, je tâchais de me ménager un jour pour aller voir ce vénérable vieillard.

Sur les dernières années, son intelligence me faisait parfois l'effet d'une lampe qui s'éteint, et jette encore une vive lumière, mais son cœur n'avait rien perdu.

Aujourd'hui, ne le retrouvant plus, j'irai prier sur sa tombe, je demanderai à Dieu, non de vivre, mais de mourir de la mort des Saints pour le retrouver dans le ciel.

Je suis, etc.   ***.

TABLE DES MATIÈRES

Pages.

CHAPITRE I. Naissance de François Renault.— Sa famille, ses études. — Sa vocation à l'état ecclésiastique. 1

CHAP. II. L'abbé Renault au séminaire de Saint-Brieuc, et secrétaire de Mgr Caffarelli. — Ses rapports avec ce prélat et avec l'abbé Jean Marie de La Mennais. 5

CHAP. III. L'abbé Renault aumônier des religieuses de Montbareil, et secrétaire de Mgr Caffarelli. — Sa participation à diverses œuvres de zèle. — Ses rapports avec Mgr de Quélen et avec l'abbé F. de La Mennais. 13

CHAP. IV. L'abbé Renault professeur de théologie au grand séminaire.— Mission des Jésuites à Saint-Brieuc.— Il est nommé directeur de la congrégation de la Sainte-Vierge. . 18

CHAP. V. Vocation de l'abbé Renault à la Compagnie de Jésus. 22

CHAP. VI. Adieux de l'abbé Renault à la congrégation et à sa mère. 25

CHAP. VII. Le P. Renault novice de la Compagnie de Jésus à Montrouge, professeur de théologie, et socius du maître des novices. 30

TABLE DES MATIÈRES.

Pages.

Chap. VIII. Le P. Renault maître des novices à Avignon. — Ses règles de conduite. 33

Chap. IX. Le P. Renault s'applique à l'étude des Exercices spirituels de saint Ignace, et en propage l'intelligence et le goût.. 42

Chap. X. Le P. Renault dans l'exercice du saint ministère à Avignon. — Révolution de 1830. 47

Chap. XI. Le P. Renault Provincial. — Réorganisation des résidences. 51

Chap. XII. Rétablissement des noviciats et des maisons d'étude. — Visite des maisons de la province. 58

Chap. XIII. Fondation du collége de Brugelette. 62

Chap. XIV. Circulaire du P. Renault au sujet de la condamnation du livre de M. de La Mennais : *Paroles d'un croyant*. 72

Chap. XV. Congrégation des Sœurs de Saint-Régis ou de Notre-Dame au Cénacle. — Mission du Maduré. 76

Chap. XVI. Diverses mesures prescrites par le P. Renault. — Entrevue avec M. Thiers, ministre de l'intérieur. 81

Chap. XVII. Division de la province de France. 84

Chap. XVIII. Le P. Renault provincial de Lyon et instructeur des pères du troisième an.— Saint-Acheul. 90

Chap. XIX. Le P. Renault père spirituel de la maison de Paris, supérieur de résidence et missionnaire. 94

Chap. XX. Carême de Morlaix en 1845, et mission de Rostrenen.. 99

Chap. XXI. Le P. Renault dans les retraites pastorales. ... 103

CHAP. XXII. Retraites dans les communautés et avis aux personnes religieuses. 108

CHAP. XXIII. Conversations et direction. 113

CHAP. XXIV. Vertus du P. Renault. — Son union avec Dieu et son esprit de prière. 120

CHAP. XXV. Esprit de foi du P. Renault. — Son attachement à l'Église et à la Compagnie de Jésus. 125

CHAP. XXVI. Efficacité des prières du P. Renault. — Pensées sur la confiance dans la prière. 127

CHAP. XXVII. Modestie et humilité de P. Renault. 129

CHAP. XXVIII. Obéissance du P. Renault. — Son désintéressement et son esprit du pauvreté. 132

CHAP. XXIX. Qualités naturelles du P. Renault. — Vénération inspirée par ses vertus. 136

CHAP. XXX. Le P. Renault père spirituel à l'École libre de l'Immaculée-Conception de Vaugirard, et à l'Institution Sainte-Geneviève. 141

CHAP. XXXI. Derniers travaux du P. Renault. — Pressentiment de sa fin prochaine. 148

CHAP. XXXII. Dernière maladie du P. Renault. — Sa mort. — Ses funérailles. — Témoignage rendu à sa mémoire. . 151

APPENDICE. — Lettres, avis de direction, et écrits divers du P. Renault. 161

A LA MÊME LIBRAIRIE :

Vie du P. Varin, religieux de la Compagnie de Jésus, ancien supérieur général des Pères du Sacré-Cœur en Allemagne et des Pères de la Foi en France, par le P. Guidée, de la Compagnie de Jésus. 2ᵉ édit. revue, corrigée et augmentée. 1 v. in-18 jésus. 2 fr.

Notices historiques sur quelques membres de la Société du Sacré-Cœur et de la Compagnie de Jésus, pour faire suite à la vie du R. P. Joseph Varin, par le même. 2 vol. in-12. 4 fr.

Souvenirs de Saint-Acheul, ou vie édifiante de jeunes gens élevés dans les colléges de la Compagnie, par le même. 1 beau vol. in-18 anglais. 2 fr.

Vie du R. P. de Ravignan. 2 beaux vol. in-8, avec portrait. 15 fr.
— Le même, 2 vol. in-12, avec portrait. 7 fr. 50

Entretiens spirituels recueillis par les enfants de Marie (couvent du Sacré-Cœur de Paris, 1855), et **Suite des entretiens spirituels** (1857-1858), suivis de quelques passages de sa correspondance. 2 vol. in-18, net. 6 fr.

(*Se vend au profit des Œuvres des enfants de Marie.*)

Dernière retraite prêchée aux Dames religieuses carmélites du monastère de la rue de Messine, à Paris (1857). 1 vol. in-18 anglais 2 fr.

Souvenirs des conférences prononcées en 1842, pendant la station de l'Avent, à la métropole de Bezançon. Ouvrage approuvé par S. Em. le cardinal Gousset, archevêque de Reims. 1 vol. in-12 anglais 2 fr.

La lumière des jeunes âmes, ouvrage dédié aux mères chrétiennes, par M. de Saint-Juan, approuvé par S. Em. le cardinal Gousset, archevêque de Reims. 1 vol. in-18. 2 fr.

Le curé d'Ars, vie de M. Jean-Baptiste-Marie Vianney, publiée sous les yeux et avec l'approbation de Mgr l'évêque de Belley, par l'abbé Alfred Monnin, missionnaire. 2 vol. in-8. 15 fr.
— Le même, 2 vol. in-12. 7 fr. 50
— Le même, 1 vol. in-12. 3 fr. 50

L'Esprit du curé d'Ars. M. Vianney dans ses catéchismes, ses homélies et sa conversation. 1 vol. in-32. 1 fr. 25

Avis spirituels pour la sanctification des âmes. Troisième édition. 2 fr. 50

Les Sophistes et la critique, par le P. Gratry, de l'Oratoire, professeur de morale à la Sorbonne. 1 vol. in-8° 6 fr.

PARIS. — IMP. Vᵛᵉ GOUPY ET Cⁱᵉ, RUE GARANCIÈRE, 5.

www.ingramcontent.com/pod-product-compliance
Lightning Source LLC
Chambersburg PA
CBHW070622170426
43200CB00010B/1883